朝日之窗生涯工作室学生团队合影

学涯导航项目之生涯九宫格

求职实训项目之"长阳创谷参观游学"

求职实训项目之"长阳创谷参观游学"

求职实训项目之"临港五校就业力 UP 训练营"

求职实训项目之国家电网走访

求职实训项目之"节能工程师" 实训营

个体咨询项目之就业求职咨询

研习沙龙项目之"校政社合力育人长效机制研讨"

研习沙龙项目之"能力与发展共舞，创新与时代齐飞"

应用型高校
生涯工作室
实践与探索

杨红娜　编著

文汇出版社

编 委 会

主　编　杨红娜

副主编　诸　俊　肖　潇　周文彬　苏文娟　姚丽丽

编委会成员

（排名不分先后）

杨红娜　诸　俊　肖　潇　周文彬　苏文娟　姚丽丽　陈　奥　王　祎

顾婷婷　唐子琳　王昊杲　沈思利　石倩男　赵洪巧　袁　菲　邓力瀚

汤　东　范引杰　郭博宽　齐欣勇　庞　珺

上海高校学生职业生涯发展教育工作室（示范点）——上海电力大学朝日之窗生涯工作室的项目成果之一

高校毕业生就业协会就业创业研究项目"高校学生职业发展教育工作室建设研究"项目成果之一

守正出新，坚守与创生同行

这是一本大学辅导员专业化成长的撷英。

这是一条就业育人情境下助力大学生成长成才的可借鉴路径。

……

高校生涯工作室，不算一个新话题。十多年前，我还在上海交通大学工作的时候，就申报了上海市教委就业领域的工作室，同期红娜老师也开始了她工作室的创建工作。时至今日，这种形式在教育部相关工作的推动下，也已经被全国普遍关注；尽管这一模式的成熟模型还在持续的探索和完善中，但红娜老师主持的朝日之窗生涯工作室十多年的探索和建设历程，至少走出了一条可借鉴的道路。

于这本书，我感触颇深，试着以题"守正出新"开序，抛砖引玉，与阅者分享自己浅显之见。

喻之"守正"，是受启发自红娜老师在本书从概念界定和经典理论说起。高校的生涯教育与就业工作，更多依赖辅导员；而辅导员的工作是一线的实务工作。面对具体问题，着实需要辅导员结合实际情况因地因时而为，所以急于解决问题和浮于问题表象往往是辅导员工作的现实。久而久之，问题的普遍意义与方法的理论启示容易被忽略。于是，辅导员工作在高校注重思考积累的共识中，被认为做的是重大活动的"昙花一现"和日常工作的"零敲碎打"。然本书是对高校辅导员工作回归的一次"守正"：本书的架构即向辅导员背景出身的同行传递其所需要持重的工作底层逻辑——理解工作的范畴定义和发现与学习成熟理论的价值。因为这些非直观的要素恰恰是提升自我站位，更长远推进工作成效的朴素方案。

谓之"出新"，是本书的精华。书中全貌呈现了工作室的工作，系统且全面。读本书如忽略十多年的建设历程，可以认为"朝日之窗"是一项生涯工作室的创新之举。不过，真有这样的理解，我有一种担心：大概率"朝日之窗"的实证案例无法被其他同行所复用。因为她的体系之完善、功能之丰富，绝不是一朝一夕所能直接照搬的，因此我更愿意用"出新"来表达。我们试着将本书第三章第二节所提及的五项工作，放在十年的时间纵贯上去感受作者的探索，感受她所经历的思考、探索、试错、纠偏、优化的磨砺；方能体会"出新"才是大多数现实"创新"的起点。因此，"朝日之窗"的业务版图未必直接适用于我们的当下；但是她形成过程中的方法论思考才是其最大的智慧，需要你我回到情境中去思忖，去省悟，去启迪。

至此，深感这份承前启后的"守正出新"，故而感怀应以"坚守与创生同行"结序，达成我们在日常工作中升华生涯工作室的更高阶"知行合一"。

本书的第四章关注人的成长：助力学员成长是工作室应有之

义，工作室成员还能相携教学相长，嘉宾同行也可收获价值赋能。这样工作室做的事，使人人都受益；这是这个时代应该坚守的立意。所以我想说"心中有人、做事如实"的工作室，一定能得以立足。

本书的第五章收尾展望，是作者带着"敬畏之心、有为之事、虔诚之意"对未来的理性思考和二次"创业"宣言。"创生"意味着从无到有，在我们经历过"发现、设计、探索、验证、结构化之后"的现实形成。

"前者如是，后者更新"，本书是红娜老师在从辅导员身份完成了向专业教师的生涯进阶留痕，不变的还是她的"生涯摆渡人"初心、对未来朝日之窗生涯工作室继续前行的期许。所以感谢她的付出，为高校生涯工作室于现实案例，祝福她的工作室能继续为我们再度打开窗口，看到新一轮的"朝日"。

钱静峰执笔于易米实验室

目录
contents

1

第一章

应用型高校生涯工作室
理论基础

随着高等教育日趋普及化，高校毕业生人数逐年攀升，目前大学毕业生结构化就业矛盾日渐凸显，就业指导引发的生涯发展问题逐步成为社会各方广泛探讨的课题。高校作为人才培养的重要平台，在大学生职业生涯规划和就业指导上不断探索。生涯工作室作为生涯教育的重要载体，在党和政府的支持与各高校的广泛实践中应运而生。通过个性化职业发展咨询和指导，聚焦大学生就业实践技能提升，高校生涯工作室逐步成为校企联络、合作的重要纽带，成为引导大学生树立正确择业观和成才观、满足广大受教育者个性化及多样化职业发展需求的重要载体。

应用型高校生涯工作室作为应用型高校开展生涯教育的新载体新方法，是高校引导大学生就业创业，加强学生职业生涯发展教育工作，联系企业与社会的重要平台。随着高校就业创业工作日益系统化、精细化发展，应用型高校逐步认识到生涯工作室在承接高校转型升级、培养专业技能人才、提升学生职业核心能力方面都具有重要价值。但究竟什么是应用型高校生涯工作室？应用型高校生涯工作室相较于一般的生涯工作室又有什么特征？应用型高校生涯工作室有哪些要素构成和支撑？它与高校就业指导中心、高校心理咨询中心等机构有哪些联系和区别？……要回答这些问题，我们就必须对应用型高校生涯工作室的概念进行深入的研究和理解。

第一节
应用型高校生涯工作室的基本界定

一、应用型高校生涯工作室的概念

生涯工作室是个"舶来品",源于西方高校就业育人的实践,于 20 世纪 80 年代引入我国。近年来,随着我国高校职业生涯教育的不断开展,生涯工作室逐步成为生涯工作开展的重要空间。应用型高校生涯工作室在大学生培养过程中,逐渐成为高校转型的重要抓手。本书以上海市应用型本科高校生涯工作室的基本情况来进行内涵界定。

(一)应用型高校生涯工作室的定义

工作室(studio)作为一种组织形式,是指由一个人或几个人所创立的负有专门职责或工作的组织。工作室一般是由共同理想、愿望、利益等组成的一个共同集体,它的类型多样。

生涯工作室(career studio),顾名思义,是围绕生涯发展所形成的一类组织。"生涯工作室"很早就出现在高校生涯辅导中,但近些年才逐步使用工作室来命名。关于这一概念,可以追溯到美国高校大专助理辅导员建设开展的生涯工作坊。

金树人在《生涯咨询与辅导》一书中提到，"生涯工作坊可视为一种团体辅导或团体教学的形式，但是和团体咨询略有不同。工作坊的次数较少，时间较密集，主题较固定（例如：双生涯问题、生涯决定的策略、生涯信念的咨询等），成员之间互动的机会不多。工作坊领导员的讲解说明与演练比较频繁，对于某些特定的主题，成员须事先经过遴选。"① 这一定义与华东政法大学就业指导中心讲师张妍在对加拿大维多利亚大学职业发展教育分析中对生涯工作室的定义内容较为相符②。张妍对生涯工作室的定义为："主要针对学生群体开展的内容涵盖简历与推荐信指导、面试指导、职场资源搜集分析、运用互联网进行工作搜寻等专题，且专题每年做更新的团队辅导形式。"生涯工作室从生涯工作坊的概念扩展，从一种活动形式转为高校生涯教育的固定组织形态。

生涯工作室这一概念在我国高校就业辅导的实践中逐步扩充内容，它是顺应高校学生个性化职业规划需求和就业指导的产物。

早在 21 世纪初，上海市等地就开始了高校生涯育人探索。

2002 年 6 月起，上海市启动大学生人生发展导航行动，选拔市级导航导师以传授知识、人格影响和实践锻炼并重的方式，针

---

① 金树人. 生涯咨询与辅导［M］. 北京：高等教育出版社，2007.
② 张妍. 加拿大维多利亚大学职业发展教育分析及启示［J］. 生涯发展教育研究，2016（1）：7.

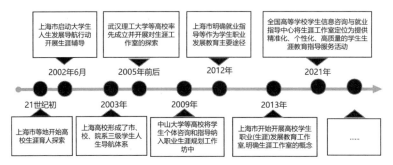

图1 生涯工作室发展脉络

对大学生职业规划等方面开展生涯辅导。

2003 年，上海高校已经形成了市、校、院系三级学生人生导航体系。

2005 年前后，武汉理工大学等高校率先成立并开展对生涯工作室的探索。

2009 年，中山大学、上海电力大学等高校将对学生精细化的个体咨询和指导纳入职业生涯规划工作坊中，逐步拓宽生涯工作坊原有的团队辅导或团队教学等形式。

2012 年，上海市教育委员会关于印发《上海市学生职业（生涯）发展教育"十二五"行动计划》的通知指出："《上海市中长期教育改革和发展规划纲要》将'为了每一个学生的终身发展'作为教育改革和发展的核心理念，职业生涯是个体人生历程的主体，职业生涯发展是终身发展的核心。学生职业（生涯）发展教育是以职业生涯规划为主线的有目的、有计划、有组织的综合性教育活动。"明确提出将生涯规划课程教学、职业（生涯）规划咨询、就业指导服务等作为学生职业（生涯）发展教育的主要途径，这为高校生涯工作室的发展内容注入更多内涵。

上海市自 2013 年开始开展高校学生职业（生涯）发展教育工作室，明确了生涯工作室的概念。

2021 年，全国高等学校学生信息咨询与就业指导中心将生涯工作室定位为提供精准化、个性化、高质量的学生生涯教育指导服务活动。

通过以上历程可以发现，如今我们提到的高校生涯工作室，其概念已不再是西方的一种团体辅导或者教学形式。现今高校生涯工作室的定义为：在人中专院校中，以大学生为辅导对象，以高校辅导员等学工队伍为主体，开展个体生涯咨询并辅以团队辅导等多种生涯指导活动的专业化团队组织。

应用型高校主要是以培养学生的某一项专业技能为目标，对学生的培养可以高度融合社会的发展需求，其在学生培养上不仅要兼顾对学生理论知识的传授和社会实践的培育，还要寻求新的驱动力。[①] 应用型高校生涯工作室作为高校生涯工作室的一种类型，其在辅导对象上更侧重于对应用型大学生的培养，应用型高校生涯工作室的定义为：基于应用型大学生培养规律而开展个性化、精准化职业生涯咨询和职业生涯活动实践的团队组织。

---

① 李晓军等.应用型高校大学生职业生涯规划与就业创业指导［M］.上海：上海教育出版社，2021.

应用型高校生涯工作室承担实践探索、成果共享、示范引领等任务和职责，是学生提高自我职业生涯规划的意识与技能、顺利实现从学校生活向社会及职业生活过渡的有力平台，也是学校开展素质教育的重要活动空间。应用型高校生涯工作室发展教育的根本目标就是："让每一个学生获得最佳的职业选择，并在这一过程中最大限度地实现自己职业规划与事业愿景的统一，最大限度地实现人生理想和社会价值。"[①]

（二）应用型高校生涯工作室的基本要素

1. 应用型高校生涯工作室的主体

高校生涯工作室的建立发展离不开主体，没有明确的主体，生涯工作室的开展就难以有明确的活动实施。在高校中，生涯工作室主持者一般是以从事一定年限的生涯教育的教师为主。

在上海市教委《关于开展 2016 年上海大学生生涯指导和服务体系建设工作的通知》提到的《上海市高校学生职业（生涯）发展教育工作室管理办法》中，明确规定了对高校生涯工作室主持者的要求：

（1）本市高校 45 周岁以下的中青年教师，从事学生职业（生涯）发展教育工作 3 年以上（含 3 年），原则上须具有中级以上上海市职业咨询专业技术水平或其他相关类别的国家级专业技

[①] 上海市教育委员会关于印发《上海市学生职业（生涯）发展教育"十二五"行动计划》的通知，上海市教育委员会网站，2012-11-19.

术水平认证，从事院系基层工作的教师予以优先考虑。

（2）热爱和钻研职业（生涯）发展教育工作，具有先进的工作理念和改革创新的意识，职业咨询指导的效果突出、特色鲜明，深受学生喜爱，在职业教育、指导和服务等方面能创新内容、方法和手段，具有一定的示范效应。

上海市作为率先开展高校生涯工作室探索的省市代表之一，它对高校生涯工作室主持者的要求明确了高校生涯工作室的主体不但需要具有相应的学生职业发展咨询等技能，而且需要教师与学生之间具有良好的关系、密切的联系，并具有一定的创新精神。

应用型高校生涯工作室的主体即为针对应用型高校学生开展生涯咨询及实践活动的发起者、主持者、组织者、实施者等组成的教师集体或教师与学生共同组成的集体。在应用型高校中，生涯工作室的开展主要是以从事高等学校学生日常思想政治教育和管理工作的组织者、实施者、指导者的辅导员为主。辅导员作为与大学生最为接近的群体，努力成为学生成长成才的人生导师和健康生活的知心朋友是对这支队伍的要求。作为高等学校从事德育工作，开展大学生思想政治教育及生涯教育的骨干力量，高校辅导员具备开展和建立生涯工作室的重要条件。①

2．应用型高校生涯工作室的客体

高校作为培养德智体美劳全面发展的社会主义建设者和接班

---

① 普通高等学校辅导员队伍建设规定．中华人民共和国教育部政府门户网站（moe.gov.cn）．

人的重要载体，其面对的主体为大学生群体。生涯工作室作为高校开展生涯教育的重要舞台，对于其建设和发展，要想做好工作，应当了解和研究大学生，明确所面对的客体内容。现今，高校大学生群体面临着不同的生涯困境，关于不同细分群体的分类，高校生涯工作室面临的客体实际上与生涯咨询、生涯教育的客体有共同之处。金树人把生涯咨询领域面临的客体总结为已决定者、未决定者、生涯犹豫者、生涯适应不良者四大类型[①]，这对于我们理解高校生涯工作室的客体有很大的帮助。借鉴金树人的分类，结合应用型高校生涯工作室发展过程中面对的受众群体，应用型高校生涯工作室实际上面对的主要客体的类型大致包括以下四类。

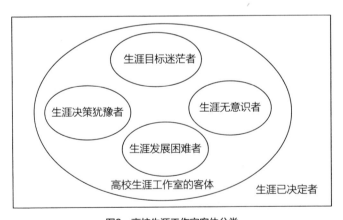

图2　高校生涯工作室客体分类

---

① 金树人.生涯咨询与辅导［M］.北京：高等教育出版社，2007.

（1）生涯目标迷茫者

"生涯目标迷茫者"这一分类与金树人的"生涯未决定者"概念相似。金树人提出的"生涯未决定者"是指当事人对未来的生涯选择还未有具体承诺，他认为生涯未决定者可能已经有了选择的大致方向，只是还没有拍板定案，是一种"非不能也，不为也"的状态。高校大学生生涯目标迷茫者实际上就是那些对自身的探索或者自己有多种选择但存在目标选择困难的大学生；生涯目标迷茫者在目前应用型高校中，刚入校的大一同学和面临学业就业发展的大三学生较多，对于这类生涯目标迷茫者，生涯工作室可以通过个体咨询、团体辅导、实践探索等形式为他们提供相应的信息和环境资源，让他们对自身的生涯目标有所选择，或者能够进行取舍，确定适合自身的发展方向。

（2）生涯决策犹豫者

生涯决策犹豫者这类大学生与生涯目标迷茫者相比，对生涯目标已经有了较为确定的发展方向，但对于决策选择犹豫，不确定自身选择是否正确，想对自己的选择进行确认和验证。形成生涯决策犹豫者的原因可能是学生自身面临选择焦虑，有"强迫症"等心理问题，也可能是由于受到自身所在家庭、社会环境等外部因素干扰而无法进行良好决策。对于这类群体，应用型高校中的学生可能是处在专业选择、就业择业等选择性尝试中，因自身焦虑症、抑郁症等心理问题引起，应由心理咨询中心等进行解决。但对于外在的原因疏导，生涯工作室实际上可以作为一个良好的"家校""校社"沟通渠道，让学生通过生涯工作室的活动和服务，利用各类设施和方法来摆脱内心犹豫。

（3）生涯发展困难者

在应用型高校中，生涯发展困难者实际上更侧重在已经选择好目标和决策的学生与面临目标追逐和实现过程中的当事人。生涯发展困难者中存在学业困难、心理情感问题、就业困难等多种群体，他们的外在表现可能是"学困生""网瘾少年"等，但实际上成因很复杂，对于这类学生，我们可以将他们归入生涯发展困难者。对于这类生涯发展困难者，生涯工作室能够帮助相关的同学明晰个人存在的问题，及时利用校内外各类资源促进其生涯发展困难的解决。

（4）生涯无意识者

生涯无意识者近年来在应用型高校生涯工作室开展过程中越发常见，这类学生主要表现为对自身生涯发展无过多追求，面对自身生涯选择往往并不"感冒"，常常以"躺平""摆烂"的姿态面对学习和工作。生涯无意识者往往会使得自身错过各类机会，对于在个人发展过程中的生涯无意识者，生涯工作室可以通过针对性个体咨询辅导、参加就业力训练营等方式来激发学生的自主性，唤醒其自身的生涯意识。

（三）应用型高校生涯工作室的分类

目前，国内高校生涯工作室在各个高校的创建活动正如火如荼地开展，众多应用型高校也紧紧围绕着学生职业发展需求和能力培养需要，不断地创新生涯工作室的内容方式，打造集个性化、专业化、体系化为一体的生涯工作室。应用型高校的类型和发展是多种多样的，明确应用型高校生涯工作室的分类，对于其建构和开展相应的生涯咨询及活动探索具有重要作用。对应用型高校生涯工作室进行分类，目的是根据不同类型的生涯工作室的发展特色来推动生涯工作室的精准构建。通过对国内二十多所应用型高校生涯工作室的分析和归纳，我们可以从不同角度对应用型高校生涯工作室进行划分，较为常见的分类有两种。

1．以目标群体的分类

根据应用型高校生涯咨询及实践活动的目标群体不同，可以将应用型高校生涯工作室按照特定群体划分为不同类型。

表1　群体视角下生涯工作室分类

群体划分因素	工作室切入角度
性别	女性
地域及民族风俗习惯	少数民族
大学生入校教育连续性	退伍大学生士兵
家庭经济发展状况	家庭困难学生
学生专业及学校学院特色	专业背景

从性别因素来看，生涯工作室对象关注到了女性群体，以应用型高校女大学生群体面临的生涯困境为切入点，开展专注于高

校女性学生的生涯规划与就业指导。性别是影响应用型高校大学生职业生涯规划及就业指导的重要因素之一，因此在开展大学生生涯规划及生涯工作室建设中，可以将其纳入考虑范畴。目前，社会上女性就业仍存在着就业歧视，受疫情影响，高校女大学生面临着就业困难和生涯困境。应用型高校服务于我国社会产业结构和人力资源市场需求，技能型、创新型人才是应用型大学培养人才的主要方向。而在针对应用型人才的培养过程中，因为有些职业对于性别有着明确的要求，例如在机械技术、建筑工程等一向对体力要求较高的产业里，女性求职就业处于相对劣势地位，所以女性面临着更大的就业压力。[①]

如今应用型高校在关注女性群体生涯发展及就业上的研究相对较少。因此应用型高校生涯工作室可以从女性角度出发，服务于不同学历层次、学科专业的女性群体，推动女性生涯的个性化、专业化发展。

从地域及民族风俗习惯方面看，应用型高校生涯工作室可以不同少数民族学生为对象开展生涯工作室建设。少数民族学生生涯工作室可以在少数民族专职辅导员的带领下，主要围绕少数民族的学涯、生涯发展来开展生涯咨询及实践活动，以及相关建设和探索活动。目前，少数民族学生的生涯困境主要集中在学涯领域，因此少数民族生涯工作室可以在学涯帮扶等方面进行更深

[①] 李晓军等.应用型高校大学生职业生涯规划与就业创业指导［M］.上海：上海教育出版社，2021.

入的探索。

从大学生入校教育阶段连续性方面看，存在相当部分围绕着退伍大学生士兵开展生涯探索的工作室，这些生涯工作室主要研究退伍复学大学生的特点，开展以学生生涯需求为导向的研究和活动。

从家庭经济发展状况方面看，应用型高校生涯工作室可以围绕困难学生建立生涯工作室。困难学生的生涯工作室建设可以围绕"资助育人"，重点关注该群体大学生的学涯及职业生涯发展，将就业、生活帮扶融入其中。

从学生专业及学校学院特色上看，应用型高校生涯工作室也可以围绕不同专业特色背景的学校开展生涯工作室建设。例如，上海理工大学"Career Mind 职觉"工作室聚焦目标进入大制造行业的工科类大学生，针对其目前存在因对大制造工作世界认知不足而导致的就业迷茫、犹豫、不自信等问题，开展以"工作世界为导向"的职前思维与能力探索教育；武汉纺织大学"织梦"生涯工作室针对武汉纺织大学纺织服装特色鲜明、艺术设计优势突出的特征，积极探索符合学校人才培养发展，帮助学生个体找到生涯目标，激发成长的自发性，确定职业目标，制订就业能力提升计划，增强学习内驱力，追求个体生涯发展、平衡与幸福。①

---

① 毕津铭.高校教育视阈下大学生职业生涯规划教育的创新思考［J］.中国多媒体与网络教学学报（电子版），2019（7）：129-130.

2．以构建方式的分类

根据应用型高校生涯工作室的工作内容，可以将应用型高校生涯工作室按照构建方式划分为整体构建类生涯工作室和特色专项类生涯工作室。

（1）整体构建类生涯工作室

著名生涯专家金树人将生涯辅导的服务方式分为六个层次[①]：

① 信息提供

② 自助式活动

③ 工作坊

④ 生涯规划课程

⑤ 团体生涯咨询

⑥ 个别生涯咨询

整体构建类生涯工作室的建设目前大体与金树人老师的六个层次相似，也主要涵盖了生涯辅导的六个方面。

对于高校生涯工作室的整体构建开展，不同的院校结合自身学生的需求特点，在生涯服务提供上有着不同的侧重点。例如：

上海健康医学院启路生涯导航工作室打造"三合三导"模式，即"资源整合、合力辅导；点面结合、精准指导；双线融合、覆盖引导"，扎根学生宿舍园区，面向在校学生提供生涯意识启蒙、职业素养培养、职前技能指导的生涯三维导航服务，形

---

① 金树人. 生涯咨询与辅导［M］. 北京：高等教育出版社，2007.

成了"我与教授面对面"主题沙龙、精英训练营、"生涯启程，楷模伴行"校友分享周这三项生涯教育品牌活动；面对疫情开启了"云端"生涯辅导模式，参与线上活动的学生累计达 2000 余人次；不断优化线上宣传平台，提升大学生学习体验舒适度。工作室打造"聚能坊"品牌，提升辅导员的专业水平和科研能力。

湖北经济学院"大学生成长"工作室主要围绕生涯团体辅导和生涯个体咨询，以"让生涯更有趣，让就业更简单"为宗旨，为全校学生提供职业咨询和就业指导等方面的系统性支持，帮助解决学生在大学阶段的个性化和发展性问题，为学生发展助力。目前工作室已形成了"一个目标＋双轮驱动＋三大赛事＋四大训练营"的工作模式，在促进学生生涯意识启蒙、生涯管理优化、职业能力提升，引导毕业生树立正确职业观、就业观和择业观等方面进行了探索，为深化高校生涯教育模式提供了有益的实践参考。目前，整体构建类生涯工作室为我国高校中的主要类型，高校生涯工作室的整体构建通过对大学生生涯多样化形式的开展，能够全方位、全过程地推动高校生涯教育发展建设。

（2）特色专项类生涯工作室

特色专项类生涯工作室主要是围绕生涯咨询某个具体的方向和内容，或者结合自身所在学院学校方向来精准化、个性化打造特色活动的生涯工作室。例如：

上海理工大学"职面外企"工作室以中德国际学院为原点，联合校外职业发展教育基地和相关咨询机构，着重培养学生跨文化的求职能力，从本土情怀出发，重点关注学生在外企求职过程中的文字表述、沟通表达、团队合作、求职礼仪等方面的提升；从双语简历制作、双语自我介绍、"团面""独面"等方面入手，以互动、模拟体验、反馈等方法帮助学生敲开外企之门，让更多的青年学生施展才华，努力在国际化的工作环境中实现自己的人生价值。

上海立信会计金融学院玉心坊职业心理与礼仪工作室通过"助人自助"，以陪伴式、互动体验式、积极鼓励式的教学方式提升学生在生涯发展中的自我效能感，并逐渐形成终身生涯发展的理念和视角。通过发掘、发展、发挥内在品格优势，如职场中的抗逆力、自信心等方面，促进学生养成终身受用的积极品格。同时通过提升外显的职业礼仪技能，如自信的沟通能力及技巧、行走坐卧等基础礼仪的技巧及规范等方面，全面提升学生在未来面试、答辩、演讲方面的基本技能，以适应未来的社会工作。

广东工业大学晓业咨询室主要专注于生涯咨询，秉承"陪伴学生成长、知晓事业发展、绽放美好生涯"的初心，着力为全体在校学生提供职业生涯规划、职业测评解读、求职能力指导、就业心理调适、创业项目指导及就业创业政策等多维度的个体咨询及团体辅导等服务，打造导师进驻、一键预约、信息登记、过程提醒、评价反馈的全过程、一站式、精细化管理，开展高质量的生涯教育指导服务活动，促进生涯咨询服务和生涯教育指导更加精准化、个性化。

（四）应用型高校生涯工作室的特征

从历史发展角度来看，应用型高校生涯工作室的出现，对推动应用型高校的建设发展具有重要意义。应用型高校的目标是培养实用型、技能型人才，其办学定位一般面向企业、面向行业和实际，是我国经济发展到一定阶段后对高校的必然要求。而应用型高校生涯工作室作为学生职业能力培养和高校学工队伍建设的载体，其不单是高校开展生涯教育的重要方式，更是连接企业、高校、学生的重要桥梁。应用型高校生涯工作室区别于研究型高校的生涯工作室，它存在的逻辑和组织机制具有特殊性。

组织发展过程更强调实践性。应用型高校生涯工作室依托学校已有的实践和交流平台开展生涯特色，在发展中形成了生涯咨询及相关实践活动两大方向，更注重对学生实际能力的提升和以实践活动的方式来解决生涯困惑。在办学过程中注重学生理论与实践相结合，以实践为导向构建起校企合作、校社合作等模式，围绕学生生涯发展和就业创业过程中存在的问题，将生涯理论融入实际应用，以学生职业能力提升为着眼点，开展多样化实践也就有了必要的支持。

组织围绕学校背景更具特色性。应用型高校生涯工作室在组织的运作开展过程中，面对着学校直接为各行各业培养"适销对路"的专业人才，提供能解决装备和技术工艺问题的科研服务的现实情况，其开展生涯实践和咨询，在发展中更多地向所处行业所需要的人才特质进行专业特色的生涯服务。

二、应用型高校生涯工作室的范围界定

（一）应用型高校生涯工作室与应用型高校心理咨询室

应用型高校生涯工作室是高校主要以专注学生职业发展的学工，为大学生开展生涯咨询及实践来解决大学生生涯发展问题和难题、推动学生高质量就业创业的团体。应用型高校心理咨询室从广义上讲，包括咨询接待室、心理阅览室、心理测量室、个体心理咨询室、团体心理咨询室、沙盘游戏室、情绪宣泄室、放松室等功能单元；从狭义上讲，是指个体心理咨询室或团体心理咨询室，是专业心理人员与校内咨询人员就大学生心理和精神等方面存在的问题、疑惑加以沟通、释放的地方。[①]

高校生涯工作室和高校心理咨询室二者之间既有区别又有联系。它们的联系是，二者在本质上都是高校服务师生的组织机构，它们的设立能够为大学生提供相应的精神和心理服务。在工作职能和内容上，它们的工作内容有时是相同的。从生涯工作室的角度来看，高校生涯工作室是专注于学生生涯发展的主要组织，负责对学生个人生涯规划和辅导，引领学生更好发展，但在具体的生涯咨询个案中，高校学生面临生涯困惑的同时常常伴随着一定的心理问题，因此生涯工作室会配备一定的心理咨询师资力量，帮助学生更好地解决生涯发展难题。而从高校心理咨询室

---

① 朱凡一.高校心理咨询室声景恢复性效益研究［D］.重庆大学，2021.

（咨询中心）的角度来看，大学生职业生涯发展问题也常常在一些高校中作为心理咨询室（咨询中心）的工作内容之一，专业的心理咨询师会为有相关需求的大学生群体提供一定的心理开导和支持。在部分工作流程上，二者之间也有极大的相似之处。高校生涯工作室和高校心理咨询室在关于学生咨询辅导上，实际上都具有完整的一套"接案—结案"制度设计，以保证正常开展咨询辅导。

从区别上看，高校生涯工作室和高校心理咨询室在工作性质上有所不同。高校生涯工作室是主要围绕学生生涯发展及就业工作开展的组织，其主要工作目标就是围绕学生职业规划和发展，并以此来开展系列活动；而高校心理咨询工作室则是以围绕学生心理健康为主，提供心理健康咨询及服务，宣传推广心理健康知识，建立学生心理危机预防和干预机制，帮助同学们缓解心理压力，促进学生人格的全面发展和素质的全面提升的组织，二者之间在工作定位和工作核心上有很大区别。另外，二者在主管部门上也有很大区别，高校生涯工作室一般由学校就业处领导开展工作，而高校心理咨询室一般属于学工部领导。不同的主管部门实际上反映了它们不同的工作侧重，生涯工作更多与就业相关联，而心理工作更多与学生德育、综合发展相关联。

（二）应用型高校生涯工作室与高校就业指导服务中心

高校生涯工作室与高校就业指导服务中心，一般是高校中专门从事毕业生就业信息咨询与指导服务的专门机构部门。它们不但是社会与高校人才培养的桥梁，更是学生与社会沟通的纽带，是高校人才培养体系的有机组成部分。高校就业指导服务中心延伸其工作职能，现今已逐渐发展为一个集教学、管理、培训、服务于一体的综合部门。[①]

1. 高校生涯工作室与高校就业指导服务中心的联系

高校生涯工作室和高校就业指导服务中心有着千丝万缕的联系。现今高校生涯及就业工作在实际开展过程中，众多高校生涯工作室都是在高校就业指导服务中心指导下开展工作，有的高校生涯工作室直接隶属于高校就业指导服务中心，是承接高校就业指导服务中心工作的重要载体。

目前，高校就业指导服务中心的职能涵盖了就业指导课教学、毕业生就业程序管理、对学生求职技能和就业竞争力的培训、就业信息资源提供、生涯指导工作等内容。生涯工作室在一定程度上就是高校就业指导服务中心的延伸，主要负责和注重高校学生的生涯指导及相关促就业培训活动的承接。

生涯工作室的出现，实际上就是对现今高校就业指导服务中心由管理向服务转变的重要抓手，现今高校就业指导服务中心向生涯发展中心的转变，使得高校真正实现"以服务为宗旨、以就

---

① 莫海兵. 关于高校就业指导中心职能定位的深层思考 [J]. 中国大学生就业，2006（20）：39-40+57.

业为导向"。①

2. 高校生涯工作室与高校就业指导服务中心的区别

不可否认，高校生涯工作室和高校就业指导服务中心还存在着很大区别，这主要表现在对于高校学生生涯发展和就业指导的范围和层次。高校就业指导服务中心一般是负责整个学校或者学院的就业管理工作，其服务层次实际上更侧重于宏观方向的引导，例如相关就业政策的发布、就业信息资源的对接、校企合作等工作承接，而高校生涯工作室则侧重在微观层面上对于学生个体的关注引导和服务。高校生涯工作室比起高校就业指导服务中心这一职能部门，在设置上更加灵活，在实际操作过程中有学生社团、就业指导中心下属组织等多种形式，同时，与就业指导服务中心相比，生涯工作室在发展过程中能够与各二级学院有更深入的联系，通过生涯工作室能够更容易地连接师生，为学生提供更自主的平台。

(三) 应用型高校生涯工作室与高校辅导员工作室

高校辅导员工作室是辅导员学习、合作、成长的共同体，是由有着共同研究兴趣、发展愿景的以辅导员为主体而组成的团队组织。该组织是在社会主义核心价值观的引领下，以职业能力为依托，以学生需要和发展问题为导向，为学生成长成才和辅导员

---

① 李铁莉，王永强，徐绍文. 当前高校就业指导中心工作的几点思考 [J]. 黑龙江高教研究，2005 (11)：74-75.

职业发展提供个性化、专业化、系统化的辅导和指导的组织集体。其工作方向和工作内容是以教育部《高等学校辅导员职业能力标准（暂行）》（教思政〔2014〕2号）中明确的辅导员九项职业能力为工作基础，重点聚焦在新形势下学生工作中难点、焦点、创新点的研究和实践。

辅导员工作室是近几年高校探索辅导员职业能力提升、队伍建设的新尝试，虽然对其研究、培育、建设、评估、考核等尚处于起步和摸索阶段，但在工作室的创建和运行中具有经验—理论—实践的工作模式，逐渐显现出其凝聚团队力量、整合优质资源、提炼工作特色、精准解决问题等方面的优势，在大学生教育、管理、服务工作中的引领、示范作用和提升辅导员职业能力素养、推进辅导员队伍专业化及职业化发展中的带动、辐射作用得以充分发挥，逐渐成为深化高校学生工作的新抓手，促进辅导员发展的新平台。①

高校辅导员工作室与生涯工作室实际上在很多高校是"一体两面"的关系。总的来说，辅导员工作室的运行实践包含以下几个要素：施教者（辅导员团队），助教者（学生、组织），受教者（学生），教学媒介（主题活动、网络平台、"一对一"辅导等）。辅导员工作室的功能本质上就是由辅导员团队与学生社团分别作为施教者和助教者，通过主题活动、网络平台、"一对一"辅导

---

① 马义. 论高校就业指导中心在大学生就业中的作用［J］.现代商业，2012（17）：287.

等教学媒介形式，向受教者提供成长成才方面的专题性服务。从人员结构来讲，辅导员工作室形成"督导—辅导员团队—学生社团"的三级人力资源结构体系。从影响辐射范围来讲，辅导员工作室则形成"工作室—学生社团—全校学生"的逐级影响辐射体系。①

---

① 陆倩倩，唐林伟. 论高职院校就业指导中心向生涯发展中心的转变［J］.职教论坛，2009（34）：24-27.

应用型高校生涯工作室机构发展的溯源

现今，应用型高校生涯工作室已成为提高大学生社会适应力和核心竞争力的生涯发展平台。纵观其整个发展历程，我们可以发现它与"生涯规划""生涯辅导"等概念息息相关。作为社会政治、经济和文化等多重因素下的产物，在中西方生涯规划发展的历史进程中追溯，或许我们能够更加洞悉其本质和内涵。

一、西方高校生涯工作室发展历史简述

生涯工作室作为学生生涯规划研究的重要载体，其发展与生涯规划的研究和发展密不可分。现代高校生涯工作室的雏形最早出现在近代西方，但实际上西方并没有明确的关于高校生涯工作室的概念。西方高校生涯工作室的发展史实质就是生涯辅导和学生指导的发展史。从近代到现代的发展过程中，大致可以分为五个时期。

（一）萌芽发展期

西方关于生涯的探索最早可以追溯到英国 18 世纪中期开始

的工业革命。第一次工业革命推动大规模工厂化生产逐渐取代个体手工生产，社会化大生产和分工的迅猛发展对社会关系和城市化产生深刻的变革，众多农民失去原有的土地，不得不涌入城市工厂谋求生计，成为新兴劳工阶级。但随着工业革命的不断深入，在工厂里工人变成了机器的"附属品"，他们跟着机器运转，失去了自身的自主性和能动性。工人们长期在恶劣的生活条件和枯燥无味的工作中备受折磨，这使得他们被迫起来斗争，开展城市工人运动。在工人运动浪潮的推动下，众多科学家逐步将目光转向个体个别差异的研究上。19世纪中后期，英国学者高尔顿（Francis Galton）、德国科学家冯特（Wilheim Wundt）等开始注重对个体能力等方面的研究，这些学者的研究推动了人类对于"人"这一独立个体的重视，他们形成的众多生涯咨询、生涯测量等理论也为后续高校生涯工作室的建立和发展提供了扎实的理论基础。[①]

（二）出现探索期

19世纪末20世纪初，美国的莱桑德·理查兹（Lysander Richards）、乔治·美林（George Merill）、耶西·戴维斯（Jesse B. Davis）和伊利·魏瓦（Eli W. Weaver）等学生指导先驱们在实践中进行了积极的探索，他们的实践经验为西方高校生涯工作

---

① 刘红亮. 应用型高校大学生职业生涯规划的现状及应对措施［J］.人才资源开发，2021（20）：68-69.

室的产生提供了重要的实践来源。^① 其中，理查兹在《学生指导：一个新的职业》（*Vocophy: The New Profession*）一书中，最早提出在大学成立专门的机构来培养学生和指导教师的想法。因此，理查兹可以称为西方教育史上第一位提出建立学生指导职位并建议大学培养专门学生指导人员的教育家。乔治·美林则根据她所创建的加利福尼亚工艺学校（California School of Mechanic Arts）这所学制四年的大专，第一次在实践中将职业指导分为个人分析、个别咨询、就业辅导、追踪研究四项。^② 正是这些学生指导先驱的实践，丰富了生涯实践的内涵，为后续生涯工作室的内容开展提供了灵感源泉。

1908 年 1 月 13 日，美国波士顿职业局（Boston Vocation Bureau）成立，这为西方高校生涯工作室的出现起到了至关重要的作用。波士顿职业局的创立源于其有着"职业辅导之父"之称的富兰克·帕森斯（Frank Parsons）对当时基础教育的反思。波士顿职业局为高校生涯工作室的发展奠定了基本发展范式。正是在职业局的影响下，波士顿地方当局顺势于 1909 年成立了各个学校职业指导委员会，与波士顿职业局共同开展学生的职业指导工作。1909 年春季，波士顿学校委员会通过的为公立学校毕业生开展职业指导的决议，更是第一次提及了高校学生生涯工作开展

---

① 杨光富. 弗兰克·帕森斯与现代学生指导制度的建立 [J]. 贵州大学学报（社会科学版），2017, 35（1）: 135-139.

② John M. Brewer. History of Vocational Guidance: Origins and Early Development [M]. NewYork, NY: Harper & Brothers 1942: 49, 184.

的具体内容，为高校生涯工作室的发展确定了明确方向。在波士顿职业局的影响下，美国各州政府为了更好地开展此项工作，教育行政部门设立了专门的学生发展指导管理部门。同时，各学校也设立了专门的学生发展指导机构，全面负责学生的学业、心理、升学、就业等各方面的指导。①

（三）政府介入期

20世纪20年代末30年代初，美国爆发了席卷全球的经济大萧条，这导致美国学校辍学人数不断增加。第二次世界大战爆发后，大规模动员所需人才分类和训练，以及战后就业安置，使得生涯辅导计划在军方和民间需求强烈。1944年，退伍军人服务机构在全美各地成立了许多服务中心，提供包括生涯辅导在内的多项服务，而众多服务中心设在大学或社区学院，恰逢其时，1946年美国联邦政府通过《乔治—巴登法》，这为美国高校学生职业生涯咨询和辅导事业的发展提供了重要的财力支持，正因如此，以咨询服务为主的高校生涯发展机构遍地开花。

20世纪50年代可谓生涯理论发展的黄金时期，这个时期的生涯理论对西方生涯工作室等相关部门把握学生心理、开展生涯实践工作起到了积极的影响，推动了职业指导向生涯指导的转变。当时，美国学者金斯伯格（Eli Ginzberg）通过对童年到青年的职业心理的发展研究，揭示了初次就业前人们职业意识或

---

① 瞿葆奎.美国教育改革 [M].北京：人民教育出版社，1990：130–131.

职业追求的发展变化过程，提出了职业发展理论。舒伯（Donald Edwin Super）对个人的职业倾向和职业选择过程本身进行了研究，将个体生涯发展划分为五个阶段，基于不同阶段展现职业指导的动态变化，此后众多学者提出职业生涯理论众多观点，掀起了生涯发展理论与研究的高潮。

1958 年，苏联成功发射了第一颗太空探测器（Sputnik Ⅰ，1957 年），随后是 Lunik Ⅱ（1959 年）登陆月球。苏联在太空领域的领先使美国对自身人才培养进行了反思，推动联邦立法者开始解决美国各地科学和数学教育的问题。这一年，美国《国防教育法案》（NDEA，1957）的通过正是对此问题的直接回应。

该法案第五编的标题为"指导、咨询和测验：发现和鼓励有才能的学生"。该章专门论述了学校中的指导工作，规定学校要推行学生指导及评估计划，识别天才及迟缓的学生并因材施教，给相关指导工作提供专门的经费。法案第 502 条规定，通过提供资金帮助各州成立并维持学校心理咨询、测试及其他与学生指导相关的服务。[①]

正是该法案的出台，得以推动美国二战后生涯规划与辅导工作的专业化、职业化开展。截至 1959 年 4 月，150 多所高校向联邦政府提出申请，计划培养学生指导专业教师。[②] 在它的影响下，

---

① 瞿葆奎. 美国教育改革［M］. 北京：人民教育出版社，1990：130–131.
② ACA History［EB/OL］. http://www.counseling.org/Aboutus/OurHistory/TP/Home/CT2.aspx, 2014-10-16/2022-04-09.

美国高校的学生指导教育专业从 1958 年的大约 80 个增至 1962 年的 400 多个，而所有这些增加的培养计划都是研究生程度的教育。[①] 众多高校辅导员教师人才及队伍得到培养和扩大，加之当时应用心理学等学科的迅猛发展，高校将心理咨询测评等生涯感知工具应用到学生职业能力识别中，为学生职业能力培养、兴趣感知、开展完整的职业生涯规划设计等起到了极大的推动作用。一批批以职业咨询和生涯规划为主的生涯工作坊、测试服务社等也相继在众多高校出现，其中美国大学测验服务社（Amerian College Testing）尤具代表性。

（四）高校成熟期

20 世纪 60 年代初期开始，美国高校中的职业指导不再被期望于单纯地解决大学生就业问题，转而将大学生个体的职业生涯发展视为其重要任务。生涯发展理论逐渐开始融入美国高校的职业指导中，高校职业指导逐渐向生涯辅导过渡。这个时段，欧美工业化较早的几个国家萌生了"教育必须有计划地配合经济发展和成长"的观念。当时美国发现高中教育内容无法满足学生就业的需要，学生休学成为非常普遍的现象。

20 世纪 60 年代，美国密苏里大学诺曼·吉斯伯斯（Norman

① Kenneth B. Hoyt. A Reaction to Mark Popes "A Brief History of Career Development Counseling in the United States" [J]. The Career Development Quarterly, 2001, 49(6): 374–378.

C. Gysbers）开展了关于全方位的学生生涯指导工作的研究项目，1971 年，美国联邦教育署署长马兰德（Sidney P. Marland）在一次演讲中第一次提出了"生涯教育"（career education）的概念，后续并开始逐步化为具体的教育政策。同年，美国教育部拨专款授权吉斯伯斯领导其团队帮助全美 50 个州及首都哥伦比亚特区与波多黎各自治邦的当地学校创立一种新的模式来实施学校职业指导、心理咨询与就业安置等工作。[①]

1972 年 2 月，吉斯伯斯团队开发出一本手册，用以指导各州学校学生指导工作，宣告了全方位学校指导模式的正式诞生。[②]后续七八十年代，全方位学校指导项目（Comprehensive School Guidance Programs）在美国各大中院校广泛地开展实践，该项目的实施为西方高校生涯工作室工作模式和方法的确定起到了相当重要的作用。

（五）新技术发展期

90 年代后，以美国为首的西方国家为了推动国内青年学生就业求职，更好地适应全球经济一体化的发展，各高校就业指导、辅导中心及相应职业发展社、工作室积极践行"职业生涯教育"计划。近年来，随着西方各国的发展，竞争激烈程度越来

① 曹丽. 20 世纪美国公立学校学生指导的历史嬗变［J］. 河北大学学报（哲学社会科学版），2013（6）：105.

② Norman C. Gysbers. A History of School Counseling［M］. Alexandria, American School Counselor Association, 2010: 3, 65, 115.

越高，职业发展和基于结果的学习已成为美国等国教育发展的重要方面。现今，美国等西方国家很重视大学生的规划和职业生涯规划。以美国高校就业中心为例，他们帮助学生通过心理测试等手段，让学生自主发展专业和事业方向。职业生涯课程强调职业生涯管理，引导大学生实现对自身未来职务设计、角色转换，同时引导大学生正确处理职业危机并帮助他们了解职业成功和失败原因，增加自信心、社交能力和应变能力等，学会掌握职业发展策略。另外，还注重个性化工作推荐，包括个人咨询和以个人发展与自由职业选择为重点的咨询等内容，实现学生全面发展。

二、我国高校生涯工作室发展历史沿革

我国高校生涯工作室的发展起步并不早，高校生涯发展迄今只有 100 多年的历史，但与西方发展相似，其与职业生涯规划和生涯教育的发展息息相关，都是社会政治、经济、文化等诸多因素发展到一定时期的产物。具体来看，我国高校生涯发展工作大致经历了五个阶段的曲折发展。

（一）初始萌芽阶段

1916 年，受民族资本主义快速发展、西方启蒙思想等先进思想传播的影响，爱国民主人士黄炎培先生联合蔡元培、梁启超、

张謇、宋汉章等 48 位教育界、实业界知名人士于 1917 年 5 月 6 日在上海发起创立中华职业教育社，成为我国最早开始探索职业指导和生涯发展的社会团体 [1]，为高校生涯工作室的发源提供了重要的实践经验。

（二）曲折中断阶段

1919 年，教育部通令中实施选科制或分科制，对学生教授"裨益生计的职业技能"。中华职业教育社陆续在上海、南京等地创立了职业指导所，又出版杂志《教育与职业》进行宣传提倡。截至 1937 年，全国有 45 所大中学校开展了不同程度的职业指导工作。之后，由于社会制度和战争动乱局势，职业生涯教育和指导并未能广泛深入延续发展。

（三）认识受阻阶段

中华人民共和国成立后，限于当时计划经济下劳动人事制度的影响，职业生涯规划教育基本上被国家统一分配、个人服从所取代。在当时的经济制度环境下，"包分配""铁饭碗"等概念深入人心，青年大学生主要以国家分配岗位为主，因而职业生涯教育和指导工作并不受到人们的重视，直到 1978 年改革开放之后，生涯规划教育才逐步重新被社会认识。

---

[1] 石笑寒、张艺. 大学生职业生涯发展与规划 [M]. 北京：清华大学出版社，2017.

（四）恢复准备阶段

20世纪八九十年代，恢复高考制度后的中国高等教育还处于精英教育时代，大学生人才资源十分宝贵，因此当时大学生并不存在就业难等问题。随着改革开放的不断深入，这一时期党和政府从我国国情出发，积极地为高校就业指导、生涯规划等工作进行酝酿准备，在国内开展较为深入的试点。

1985年，华东师范大学与维多利亚大学合作研究计划中正式将职业指导项目列入其中。1986年，劳动人事部编写了就业训练教材《就业指导》，供各地对求职人员开展职业培训时使用，并通过职业介绍机构开展了初步的职业指导工作。

1987年，中国教育专家组成的"职业指导理论研究与实验"研究课题组成立，分七个子课题展开对职业指导基础理论、中学实践、职业分类等方面的研究工作。这些前期的实践经验，为我国高校毕业生就业制度改革和生涯教育的发展起到了积极的推动作用。

1989年国家教委印发的《高等学校毕业生分配制度改革方案》，高校毕业生由国家统包统配的就业制度被打破就是很好的印证。

（五）快速发展阶段

20世纪90年代，改革开放进一步深入发展，为了破解广东等地当时民企、外企面临的"招工难"问题，1993年，国务院出台《中国教育改革和发展纲要》，强调推行"自主择业"的就业制度。当年许多毕业生在政策指引下纷纷"下海"寻找机遇。1994年，国家教委下发文件，不再按照国家任务招生计划和调节性计划分别划定两条录取分数线，实行统一录取分数和收费标准，毕业后也不再由国家统一分配工作，即所谓"招生并轨"。这份文件的发布，成为中国大学教育改革的一道分水岭。[①]

在高校大变革、大扩招的背景下，1994年，劳动部颁发了《职业指导办法》，明确规定职业介绍机构应开展职业指导工作；国家教委文件指出学校职业生涯辅导的任务是："帮助学生了解社会、了解职业和专业，了解自己的生理、心理、兴趣、才能和体质等特点，教育学生正确处理国家、社会需要与个人志愿的关系，增强职业意识和对未来职业适应能力，使学生能正确选择符合社会需要及其身心特点的职业或专业。"[②] 这些探索为后续高校职业生涯发展工作室的出现也做了积极的铺垫。

后续随着高校"就业不包分配"政策的推进，大学生"就业难"问题逐渐走进人们的视野。为了引导广大青年大学生适应就业市场的变化和要求，1995年国家教委下发通知，要求各普通高校正式开设就业指导课，同时加强教材编写工作。1997年，国家教委颁发了《普通高等学校毕业生就业工作暂行规定》，对高校

① 吴雪."包分配"，终成往事 [J].新民周刊，2018（27）：48–49.
② 吴秀霞.我国大学生职业生涯规划教育发展历程与趋向 [J].理工高教研究.2008，（4）：86–89.

就业指导工作作出了明确规定，各高校纷纷建立相应机构。

1999 年，劳动保障部制定颁布了《职业指导人员国家职业标准（试行）》，编辑出版了相应的培训教材。2000 年 6 月，职业指导人员职业资格鉴定工作在全国范围内展开，标志着我国职业指导和职业介绍队伍建设进一步走向规范化，是对职业指导工作的一次有力推进，也为高校生涯工作室师资队伍建设提供了保证。

（六）成熟发展阶段

步入 21 世纪，大学生职业生涯规划的概念深入各大高校，众多高校回应学生需求，联系校内外资源，在校内增设就业指导课程或者讲座，就业指导教材也相继出版，就业指导服务水平有了不同程度的提高。

2007 年 4 月，国务院办公厅印发《关于切实做好 2007 年普通高等学校毕业生就业工作的通知》，要求"将就业指导课程纳入教学计划"。2007 年 12 月，教育部办公厅关于印发《大学生职业发展与就业指导课程教学要求》的通知提出："从 2008 年起提倡所有普通高校开设职业发展与就业指导课程，并作为公共课纳入教学计划，贯穿学生从入学到毕业的整个培养过程。"为落实政策要求，在原有职业发展与就业指导课程建设的基础上，全国许多高校进一步通过编制教材、组织活动、开设团体辅导等探索，让职业发展的理念在大学生中落地生根，提高就业指导的普及率和实效性，引导毕业生积极择业、主动就业。^① 以此为契机，众多国内高校在就业指导部门、辅导员队伍、学工队伍等带领下，开创了针对不同学生群体、类型和特色的生涯工作坊或生涯工作室，生涯工作室这一概念也在这一政策推动下出现并逐渐成熟。

进入新时代，为贯彻落实《国家中长期教育改革和发展规划纲要》精神，不断创新大学生职业（生涯）发展教育方式方法，提升工作水平和服务能力，上海市等地教育委员会对高校生涯工作室开展提供更多的机会和更高的平台，通过组织高校学生职业生涯指导和服务体系建设项目的申报工作，为高校生涯工作室的系统化、体系化发展做出了重要贡献。全国各大高校生涯工作室正在逐步结合学校发展特色，围绕精准化生涯及就业开展，发展为助力教师专业化和学生职业能力建设的重要载体，众多生涯工作室之间互相交流、守正创新，打造成为学生—教师成长发展的大平台。

三、新时代应用型高校生涯工作室的建立和发展

新时代为顺应当今社会变革、科技革命、产业革命的新挑战新需求，一批普通高校在结合自身发展状况下，积极推进自身发

---

① 王洋. 高校职业生涯咨询特色工作室建设：一场关于生涯指导的探索 [J]. 中国大学生就业. 2021,（14）：9–12.

展，向人才培养专业化、应用型方向转型。2015年，教育部、国家发展改革委和财政部联合发布《关于引导部分地方普通本科高校向应用型转变的指导意见》（教发〔2015〕7号）。这份指导意见明确指出，要贯彻落实中共中央、国务院关于引导部分地方普通本科高校向应用型转变的决策部署，推动高校转型发展。区别于传统研究型本科高校，应用型高校更加突出学生在产业发展中对高技术、高技能的应用，在学科结构上，更加关注地方经济社会发展需求，在人才培养目标上，更注重人才向应用型、复合型、技能型、创新型方向发展。

正是在应用型高校对人才向应用型、创业型、技术技能型转变的探索中，一批地方应用型高校以学生职业生涯发展为目标，以职业核心能力建设为切入，推动"专业化、精准化"的创新创业指导服务体系建立，在各地教委的支持下，河南工程学院、上海电力大学等一批高校生涯工作室立足应用型高校的发展，通过生涯工作室这一师生互联的空间，依照学校、产业、区域特色，打造精品生涯服务项目，推动应用型人才的培养。

第二章

应用型高校生涯工作室

组织建构

应用型高校生涯工作室的发展格局

大学生生涯发展作为高等教育的一项新内容，既适应了社会发展对高等教育的要求，又与素质教育相辅相成，和素质教育的目的相一致。[①] 大学生生涯发展是实施素质教育的有效途径，它有助于激发学生的内驱力，促进学生的全面发展。对此，各大高校陆续进行了探索。随着经济的发展，社会对高素质人才的需求越来越迫切，大学生渴望成长成才的要求也非常急切，而大学生涯规划教育就是以学生为本，致力于提高大学生的综合素质，帮助大学生顺利实现就业。国外成熟的生涯规划教育理论和长期实践表明，在高校开展大学生涯规划教育可以促进人自身素质的全面发展。因此，应用型高校生涯工作室应运而生。

一、背景和环境

现如今，随着经济的发展，我国的就业政策以市场调节为主，即毕业生在国家和学校的指导帮助下，自行与用人单位

---

① 张孝凤. 促进素质提升的大学生涯规划教育模式研究 [D]. 浙江理工大学，2010.

沟通，进行双向选择，即毕业生自主择业，国家不再进行任何干预。这使得应届生的就业竞争十分激烈，就业形势非常严峻。

再加上受到我国传统教育思想和教育理念的影响，我国大部分大学生都存在着或多或少的思想僵化、依赖意识较强的问题。在长期的思想束缚之下，学生唯一的学习目标就变成了考大学，而一旦考上了大学，整个学习仿佛就没有了方向，学习状态也变得浑浑噩噩。在这样一种学习状态和心理状态之下，应用型高校的教师越早进行大学生学业指导和职业生涯规划，对于学生的健康成长越有利。并且随着科学技术的发展及产业结构的优化升级，社会对技术应用人才与创新人才的需求日益增强。而人才的培养和他们的职业生涯规划恰恰需要各大高校来帮助完成，看似短暂的大学生活是大学生转变角色的过渡阶段，是从学生角色变成社会人士的关键时期，是大学生明确未来发展目标的重要一环。这一时期的大学生对社会的了解是片面的，对自身未来的发展方向大都是迷茫的。职业生涯规划是大学生对自己一生从事职业的期望和计划，可以引导大学生客观全面地认识自我，了解自身特性和能力水平，明确个人价值倾向，相对客观地认识自身优缺点，准确评估自身理论知识与社会实践结合、自身个性与社会需求结合的程度和能力，有针对性地培养自身未来职业生涯所需个人能力，引导大学生通过网络、书籍、社会实践等途径了解当前社会的就业形势和对人才的需求，掌握基本的市场信息，使其主观预期与市场客观需求统一起来，清楚地意识到当前自身所处的社会环境，提前做好自身职业生涯规划，避免盲目就业。在这样的背景下，为了将来更好地生活，大学生必须全面认识自我，明确职业生涯目标并向其发展，提高职业素养和选择适合的职业，而建设生涯工作室能系统地帮助大学生提升综合素质和就业能力。

二、理论支撑

高校生涯工作室的发展理论主要是围绕着西方的生涯发展理论框架来开展工作，但随着时代的发展，中国传统文化中的相关生涯发展观念和思想也逐渐被越来越多的生涯研究者所关注，在东西方生涯观念的交融中，生涯发展理论日趋完善。

（一）西方生涯发展理论框架 [①]

1. 静态的生涯发展理论视角

西方生涯发展理论最早以静态生涯发展理论视角来开展职业生涯探索，静态生涯发展视角主要强调人与职位的关系和匹配度，其中代表理论有帕森斯的特质因素理论、霍兰德（John Holland）的人格类型理论、明尼苏达工作适应论、罗伊（Anne

---

① 方伟. 构建中国特色大学生职业生涯发展教育理论体系探析［J］. 国家教育行政学院学报，2022（7）：9.

Roe）的需要满足理论、施恩（Edgar H. Schein）的职业锚理论等。

（1）帕森斯：特质因素理论

特质因素理论又称人职匹配理论，是最早的职业辅导理论。这一理论主要强调个人的特质和职业选择之间的匹配关系，其中特质主要指的是自己的态度、能力、兴趣、志向、限制及其原因等因素，对于个人的这些特质可通过心理测评工具加以测评和衡量，因素则主要指职业发展过程中需要的能力、资格和条件，这些可以通过工作分析来结合。[①] 正是对于以上两个因素做出明智的思考，才能够实现个人与岗位的更好匹配。

特质因素理论的优点是通过这一理论，能够将个人差异与职业需求相结合，从而实现因人择业，因业择人。这种职业选择方法也符合人们的思维习惯，容易被人们理解和接受。现今这一理论更多地应用到人力资源领域，明晰特质因素理论能够实现工作效力的提高。但不可否认，特质因素理论忽视了人的整体性，在对人才的选拔过程中需要花费很多时间，显得不够经济。同时，这一理论也仅着眼于帮助个人在面临就业时指导他们如何选择职业，具有动态局限性。

（2）霍兰德：人格类型理论

美国心理学家约翰·霍兰德于 1959 年提出了具有广泛社会

---

① 邱烁，何玲. 大学生生涯辅导综述［J］. 中国电力教育，2008（12）：2.

影响的人格类型理论。他认为人的职业发展与人格、兴趣这些因素密切相关，职业兴趣与人格之间存在很高的相关性。[1] 对此，他把所有的人格划分为六种类型，即现实型、研究型、艺术型、社会型、企业型和传统型。同时他认为，所有职业的工作环境也可以划分为同样的六种类型，而人格类型与职业类型之间存在着一致、相近、排斥和中性四种关系。大多数人是三种人格类型的混合型，如现实—研究—传统型。

霍兰德的人格类型理论强调人格的质的特点及其差异，注意到人格的整体性，体现了人格和职业环境的统一性。同时，这一理论扩大了个人选择职业的范围，更具有实用性。但在具体实施中，这一理论还要用个别指导法来加以辅助，局限于个人在选择职业时的指导。

（3）罗伊：需要满足理论

临床心理学家罗伊于 20 世纪 60 年代初提出了需要满足理论，这一理论主要关注家庭教育方式对个人职业类型选择的影响。

该理论认为，职业选择是个人满足其心理需要的过程。如果需要获得满足，就不会变成无意识的动力来源。如果高层次的需要不能满足，这种需要将会消失。如果低层次的需要不能满足，将驱使人们去满足来维持生存。如果需要的满足受到延迟，这些

---

① 张连奎.职业生涯规划教育对推动地方院校基层就业的研究［D］.吉林农业大学.

需要会成为无意识的动力。

罗伊把职业分为八大类职业组群：服务业、商业交易、行政、技术、户外活动、科学、文化、艺术娱乐；六个专业等级：高级专业及管理、一般专业及管理、半专业及管理、技术、半技术、非技术；她认为职业选择往往会反映出幼年时的家庭气氛。

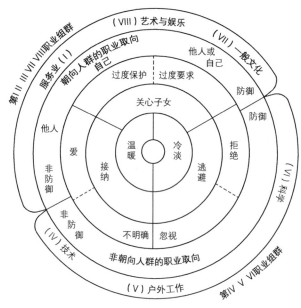

图3　亲子关系与职业选择的关系（罗伊，1957）

这一理论一方面强调早期经验、家庭教育方式对个人需要和择业的影响，给职业咨询提供了新的思维方法，注意个人的心理需要，并协助个人选择适当的职业以满足其需要，采用多维度的职业分类方法，有助于个人对工作世界的深入了解。但目前尚无证据证明早期经验对职业选择的影响，且难以对父母管教不一致的家教方式作统一分类，在应用方面未提出具体明确的指导方法和技术，同时，这一理论也比较费时费力，缺乏有效的测评技术。

（4）明尼苏达工作适应论

明尼苏达工作适应论是戴维斯等人于 20 世纪 60 年代提出的。该理论认为：选择职业或生涯发展在就业后的适应问题需要关注，尤其对障碍者而言，在工作上能否持续稳定，对其生活、信心与未来发展都是重要的课题。基于此种考虑，戴维斯等人从工作适应的角度分析适应良好与否的因素。他们认为，每个人都会努力寻求个人与环境之间的符合性，当工作环境能满足个人的需求（satisfaction），又能顺利完成工作上的要求（satisfactoriness），符合程度随之提高。不过个人与工作之间存在互动关系，符合与否是互动过程的产物，个人的需求会变，工作的要求也会随时间或经济情势而调整，如个人能够努力维持其与工作环境间符合一致的关系，则个人工作满意度愈高，其在此工作领域也愈能持久。

事实上，工作适应论仍属于特质论范畴，不过已将其重点扩及个人在工作情境中的适应问题，强调就业后个人需要的满足，同时亦考虑能否达到工作环境的要求。

在辅导规划实践和辅导工作方面，工作适应理论所提供的概念对各类就业问题及不同的辅导对象均有其应用价值。以对象而言，已就业者、未就业者、考虑转业者、退休人员、残障人、复健者等等，均可以前述评量工具，包括明尼苏达重要性问卷、职业性向组型量表、明尼苏达满意感受问卷、明尼苏达满意指针量表及职业增强组型量表等，视当事人情况选择适合的工具，以增进当事人对自我及环境的探索。①

（5）施恩：职业锚理论

美国著名职业指导专家埃德加·H.施恩教授在对斯隆管理学院 44 名 MBA 毕业生长达十二年的职业生涯研究过程中，通过面谈等多种方式，最终分析总结提出了职业锚理论。职业锚实际上就是人们选择和发展自己的职业时所围绕的中心，是企业和个人进行职业生涯决策时的核心。职业锚强调个人能力、动机和价值观三方面的相互作用与整合。专家们经过长时间的研究，确定了八种基本的职业锚类型。

图4　职业锚类型

---

① 董琳琳.美国职业信息网络构建及对我国职业指导的启示［D］.天津职业技术师范大学.

2．动态的生涯发展理论视角

从动态生涯发展理论视角来看，西方生涯发展理论是一个由静态逐渐向动态视角转变的过程，具体代表有舒伯的生涯发展论、克朗伯兹（J. D. Krumboltz）的社会学习理论等。

（1）舒伯：生涯发展论

舒伯的生涯发展理论是研究职业和生涯发展问题最有代表性的理论之一，这一理论重在对个人的职业倾向和职业选择过程本身进行研究。

舒伯把生涯阶段划分为成长、探索、建立、维持和衰退五个阶段，他认为每个阶段都有一些特定的发展任务需要完成；前一阶段发展任务的达成与否关系到后一阶段的发展。

表2　生涯发展阶段及任务

生涯发展阶段		阶段发展任务
成长阶段 （出生—14岁）	幻想期（0—10岁）	发展自我概念 发展对工作世界的正确态度 了解工作的意义
	兴趣期（11—12岁）	
	能力期（13—14岁）	
探索阶段 （15—24岁）	试探期（15—17岁）	形成自我概念与职业概念 使职业偏好逐渐具体化、特定化，并实施
	过渡期（18—21岁）	
	试验并稍作承诺期（22—24岁）	
建立阶段 （25—44岁）	试验—承诺稳定期（25—30岁）	统整、稳定、提升
	建立期（31—44岁）	
维持阶段 （45—65岁）		保持，继续，挑战
衰退阶段 （65岁以上）		减轻工作负担，退休生活

在五大阶段中，舒伯认为个人所扮演的角色也不同，且通常要同时扮演几个角色，如子女、学生、工作者、配偶、家长等。他设计了生涯彩虹图来表示不同角色在人生各个阶段的地位。根据舒伯的看法，他认为一个人一生中扮演的许许多多角色就像彩虹同时具有许多色带。舒伯将显著角色的概念引入了生涯彩虹图，认为角色除与年龄及社会期望有关外，与个人所涉入的时间及情绪程度也有关联，因此每一阶段都有显著角色。[①]

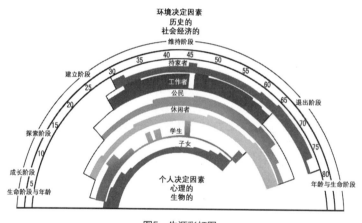

图5 生涯彩虹图

（2）克朗伯兹：社会学习理论

克朗伯兹的社会学习理论认为，个体职业生涯发展的根本选择是由内在因素和社会环境因素共同决定的，包含四个主要因素：遗传因素和特殊的能力、环境状况和事件、学习经验、工作

---

① 李琳琳. 从萨帕理论反思我国高职生的职业指导［J］.职业教育研究, 2008（11）: 2.

取向的技能，同时这四个因素交互作用，对个体职业生涯规划产生影响，其中个人成长经历中独特的学习经验尤为重要。

这一理论优点是强调社会影响因素和学习经验，弥补了其他心理学理论的不足，同时，这一理论对实际的生涯辅导工作应用提供了不少方法和启示，具有较高的实用价值。该理论发展了有效的团体方式，增进了个体生涯决策发展。但缺点是对个体在生涯抉择历程中的心理反应未深入研究，对个人的教育、职业爱好和技能的形成及相互影响的探讨只是刚刚开始。

3．建构的生涯发展理论视角

建构的生涯发展理论视角区别于静态的和动态的生涯发展视角，这一视角更多地强调个体如何通过一系列有意义的职业行为与工作经历来构建自身职业生涯发展过程，个体应综合考虑自己的过往经验、当前感受和未来的理想抱负来做出职业选择。建构的生涯发展理论视角强调接纳不确定性和片段性，尊重多样性和差异性。这一视角下的代表性理论有萨维科斯的生涯建构理论等。①

萨维科斯的生涯建构理论包含三个组成部分：人格特质、生涯主题和生涯适应力。

人格特质：萨维科斯认为，从过往经历中可以发现一个相对稳定的职业人格（重评估行动呈现出的兴趣倾向），并且会与职业呈现出一定的匹配性。但萨维科斯关注的焦点更侧重来访者的

---

① 全国高校就业创业指导教师网（ncss.cn）.

主观看法，而非测评分数；更关注来访者意图中呈现的可能的我（possible self），而非过去的我。

生涯主题：萨维科斯认为，个体自我概念和愿景目标通过一个生涯主题来展现——如同一个故事的主题，概括了这个故事的中心思想。生涯主题由一个或一系列个体最急切希望解决的问题和个体解决问题的方法构成。个体生涯发展的目标和行动都围绕生涯主题的宏观指引展开。

生涯适应力（即发展任务）：社会飞速变迁令个体不得不更加主动地根据环境做出态度、行为和能力上的调整，形成个体的生涯适应力。萨维科斯提出的生涯适应力模型包括：关注、控制、好奇和自信。

生涯建构理论的方法是适应性的，足够匹配快速变化和增长的全球经济，但也足够敏感地关注人生意义的生存，用它来指导启发我们自己和大学生在瞬息万变的互联网时代的职业生涯，更具针对性和重大意义。

三、发展现状

职业生涯规划首先要对自我进行剖析，然后分析所在组织环境和社会环境，根据分析结果制定符合个人的事业奋斗目标，并根据目标制定出相应的行动路线图。职业生涯规划是一个人职业生涯发展的历程，贯穿个人从毕业后进入职场到退休后离开职场的整个过程。而大学生刚刚经历完紧张的高考，来到大学，犹如一张白纸，他们往往不知道该如何对自己进行职业生涯规划，因此应用型高校生涯工作室的建设是很有必要的。

从 2007 年国务院办公厅印发《关于切实做好 2007 年普通高等学校毕业生就业工作的通知》，要求"将就业指导课程纳入教学计划"，众多国内高校就开始了生涯育人实践的探索，2008 年起提倡所有普通高校开设职业发展与就业指导课程，并作为公共课纳入教学计划，贯穿学生从入学到毕业的整个培养过程。落实政策要求，在原有职业发展与就业指导课程建设的基础上，全国许多高校进一步通过编制教材、组织活动、开设团体辅导等探索，让职业发展的理念在大学生中落地生根，提高就业指导的普及率和实效性，引导毕业生积极择业、主动就业。

众多高校教师在自身就业指导和发展实践中，发觉众多大学生对职业发展感到迷茫。在众多率先开展生涯工作室的高校中，华中师范大学的代表性十分突出。早在 2004 年开始，华中师范大学就将生涯教育与就业指导活动相融合，开设了大学生职业生涯发展与规划、师范生生涯发展与规划、大学生自我营销等多门课程以及系列团体辅导课程，将生涯教育与就业指导课程作为必修课贯穿学生从入学到毕业的整个培养过程。但在长期的实践中发现，仅仅通过课堂来实现学生生涯发展是远远不够的，每一个学生作为一个独立的个体，其内在的职业发展倾向和选择都有着很大的不同，而一对一的咨询服务来支持他们解决个性化的问题正是一个良好选择。

现如今，各大高校依照学生发展特点，结合学校特色，围绕着大学生的生涯意识启蒙、个人职业感知、职业环境探索、职业发展决策及相对应的就业创业实践，推出个性化的职业规划辅导和多样化的生涯团体活动，以实践育人为导向来推动各类实践活动落地。在生涯理论与实践的探索下，众多生涯工作室围绕着本校的生涯规划课程及就业创业实践有条不紊地开展。在他们的努力下，生涯工作室已帮助无数大学生完善自己的职业生涯规划，对于各类就业问题，各校也有了自己的一套解决方案，但还是任重而道远，需要负责的老师和学生们精益求精，为更多迷茫的大学生提供服务。

不可否认，目前高校生涯工作室的发展在大学生职业规划和就业指导建设上还存在着建设职能不清、指导功能与硬件设施有待加强等一些问题，对大学生职业规划和就业指导工作的开展造成了阻碍，不仅影响了大学生职业规划和就业指导工作的顺利开展，还会影响学生的择业质量。

四、未来发展

高校生涯规划教育是一个连续、系统的教育过程，着眼于大学生的终身发展，高校需要统筹规划，分阶段、分步骤实施，内容上应包括职业生涯规划指导及就业指导，时间安排上应贯穿于在校学习和毕业找工作的全过程。

高校的职业生涯规划要从大一学生开始，然后对大二、大三、毕业生进行跟踪教育。在大一新生阶段，重点让学生树立职业生涯规划的意识；在中高年级阶段，让学生明确基本方向，培养相关职业素质；在毕业生阶段，让学生努力实现规划的既定目标，后续教育则要对大学生职业生涯规划不断完善，及时修订。

高校要多开展校企合作，提高人才培养质量。在内容上，首先可以由高校和企业合作开发职业生涯教育系列课程，引入企业最新的生涯规划成果、管理理念、经典案例等，使学生学到前沿且实用的职业规划知识。其次，开展行业前景教育活动，帮助学生了解行业发展前景，了解专业学习与未来职业之间的关系，明确未来奋斗的方向。最后，开展体验式教学，在身临其境的氛围中培养学生的职业精神。

高校生涯工作室聚焦提升就业竞争力，创新形式开展多样化系列活动。现今各大高校的工作室有就业力训练营、新型研讨会和模拟求职大赛等助力学生职业发展，帮助学生了解企业人才需求，学习职业技巧，科学规划职业生涯，使学生成为具有就业竞争力的综合型高校人才。但正所谓因材施教，不同的学生有不同的教育方式，而未来成千上万的学生需要有更多的活动来帮助他们提升就业竞争力，所以，各大高校工作室需要相互借鉴、相互学习，进一步促进大学生高质量充分就业。

第二节

应用型高校生涯工作室的建设内容

20 世纪 80 年代，国际高教界逐渐形成重视实践教学、强化应用型人才培养的教育潮流，我国也顺应国际教育趋势，在大力加强教育改革方面做出了极大努力。随着应用型高校蓬勃发展，应用型高校生涯工作室这一概念被提出，并在推动高水平应用型大学建设、强化社会实践环境、提高学生职业素养和就业竞争力等方面形成巨大的教育合力。下面将介绍高校生涯工作室建设板块及其申建流程，了解其建设发展的进程，在现实中进一步推动生涯工作室的建设。

一、建设板块

金树人在《生涯咨询与辅导》一书中，以涉入程度（involvement）为指标，将生涯辅导的服务方式分为六个层次，这对我们现今高校生涯工作室的建设提供了重要的指导作用。纵观现今国内高校生涯工作室探索，这六个板块的内容是实践开展的重要内容。由于国内高校在生涯工作室建设过程中，不仅是将其作为开展生涯实践的重要平台，更是作为进行理论研讨及团队

建设的重要组织，因此可以将生涯工作室的建设内容板块由图6
展示：

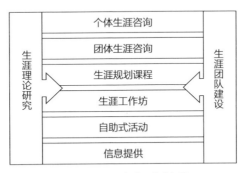

图6 生涯工作室建设内容板块

（一）生涯理论研究

生涯理论研究是高校生涯工作室的重要组成内容，现今高校
生涯理论的研究主要围绕着生涯教育的各个环节开展，南开大学
的周文霞等学者基于文献（1978—2018）的研究，从35种期刊
中提炼出15个研究主题，其中，以职业选择（决策）、职业兴
趣和职业价值观为主题的文章发表数量最多。具体的研究内容及
国内外研究起始时间见表3，内容涉及职业生涯规划设计、职业
倦怠、职业成长、职业认同、职业成功、职业生涯管理、职业压
力等。①

---

① 周文霞，李硕钰，李梦宜等.中国职业生涯管理研究回顾与展望———项基于文献
（1978–2018）的研究［J］.南开管理评论，2020，23（4）：213–224.

表3　生涯理论国内外研究起点时间

各主题中英文名称	国内研究起点时间	国外研究起点时间
职业选择 Career Choice	20世纪80年代初	20世纪初出现， 20世纪50—80年代兴起
职业价值 Career Value/Work Value/Job value	20世纪80年代初	20世纪70年代
职业兴趣 Career interests	20世纪80年代初	20世纪初
职业生涯规划与设计 Career Planning/Career Plan	20世纪90年代末	20世纪60年代
职业发展 Career Development	20世纪90年代末	20世纪60年代
职业生涯管理 Career Management	21世纪初	20世纪60—70年代
职业成功（职业成功观） Career Success （Career Success Criteria）	20世纪90年代末	20世纪30年代
职业倦怠 Job Burnout	20世纪90年代初	20世纪70年代
职业压力 Job Stress	20世纪80年代末	20世纪70年代
职业认同 Career identity/Vocational identity	21世纪初	20世纪80年代
职业刻板印象 Occupational Stereotype	21世纪初	20世纪70年代初
职业承诺 Career Commitment/Occupational Commitment	21世纪初	20世纪80年代
职业成长 Career Growth/Career Advancement	20世纪90年代末	20世纪80年代末
职业生涯适应力/生涯适应力 Career Adaptability	21世纪初	20世纪80年代
无边界职业生涯 Boundaryless Career	21世纪初	20世纪90年代

关于生涯理论，国内职业生涯领域的研究起步较晚，虽然发展迅速，研究内容较为广泛，但在众多的研究成果中，本土化的研究做得还不够。由于中国的职场环境与西方有很大不同，中国人的职业心理与行为也有自己的特点，在职业生涯领域的研究亟须从简单模仿、验证西方的构想和理论，到立足本土进行创新，做出中国本土化的好研究。关注现实问题，对未出现过的崭新问题进行解决，对老问题因势而动得出新答案，这些都需要我们生涯工作室紧密结合广大高校学生开展实践，在实践中发现并解决问题，采用更加多元化的研究方法揭示职业领域的复杂现象，实现对已有理论的修订和补充，争取从内涵和操作性方面提出新的构想，建构本土化的职业生涯理论。

（二）生涯团队建设

生涯团队的建设管理是生涯工作室良好开展调研实践的重要保证。高校生涯团队建设可以开展工作室品牌文化建设，例如设立团队 LOGO 图标、凝练工作室发展理念、推出相应的工作室营歌、成果集，打造工作室纪念品等，通过品牌文化建设，使得团队增强凝聚力。另外，团队建设还要建立起适应工作室发展的制度规范和工作安排，为工作室设立相应的绩效制度和激励制度，以此来发挥团队的积极性。而团队建设中的一个重要内容就是加强对人员的培训和教育，工作室内部人员要提高自身的专业化水平，以此才能更好地服务高校师生。此外，校内外生涯工作室之间交流共建、开展研习等对外活动，也是团队建设的另一个重要内容，通过交流共建来为工作室积累资源，学习其他工作室的经验，才能推动组织更好地发展。

（三）生涯实践活动

高校生涯工作室生涯实践活动实际上从纵深程度来划分，金树人提出的六个层次的生涯辅导方式可以概括，但具体的内容随着现今时代变化，形式呈现上日趋多样化。

1．生涯信息提供

生涯工作室信息提供不仅包括生涯服务咨询渠道信息，生涯测评工具分享使用，生涯规划知识信息咨询，还可以提供相关就业信息资源的推介等内容。例如有些生涯工作室针对所在院系同学推出相应的专业简报和生涯刊物、制作相应的宣传册等，这些都是信息提供的多种方式。

2．生涯自助式活动

自助式活动包括采用线上平台，例如微信公众号、抖音短视频等，搭建生涯科普、生涯自助、生涯教育活动宣传、职业环境探索的分享平台和一体化生涯发展平台，为高校学生提供自我认知、职业探索，提供专业、全面的生涯自助方案，帮助学生了解和掌握做出职业生涯规划所需要的信息、知识和方法，发挥职业生涯咨询室在学校职业生涯规划教育的辐射作用。

3．生涯工作坊

工作坊可视为一种团体辅导或团体教学的形式，但是和团体咨询略有不同。工作坊的次数较少，时间较密集，主题较固定（例如：双生涯问题、生涯决定的策略、生涯信念的咨询等），成员之间互动的机会不多。现今在高校中，工作坊逐渐发展成一种新的教学载体。首先，专题化设计：其内容围绕教学培养目标的实现，采取专题化设计；其次，学生为主体：注重学生学习自主性和团队协作，通过相互交流、角色扮演、头脑风暴等解决实际问题；最后，在"理论导师技术导师"和"助教"的引导下，通过教师点评、团队辅导等方式，充分调动学员的参与性，完成各专题任务，最终实现培养目标。生涯工作坊现今也表现为相关的生涯实践活动，例如相关围绕生涯及就业主题的团队参与的沙龙座谈会、模拟求职面试、同辈分享等形式，实际上都可以成为生涯工作坊的一部分。①

4．生涯规划课程

生涯规划课程以授课的方式进行，在课程中安排各种生涯探索活动，协助学生生涯定向及生涯规划。2007 年，教育部办公厅关于印发《大学生职业发展与就业指导课程教学要求》的通知提出，"根据《国务院办公厅关于切实做好 2007 年普通高等学校毕业生就业工作的通知》（国办发〔2007〕26 号）'将就业指导课程

---

① 沈忱. 工作坊模式在高职院校就业创业教育改革中的实践研究［J］. 中国大学生就业，2022（21）：30–36.

纳入教学计划'的要求","现制订《大学生职业发展与就业指导课程教学要求》,旨在进一步明确课程的教学目标、内容、方式、管理与评估,各高等学校要按照《教学要求》,结合本校实际,制定科学、系统和具有特色的教学大纲,组织实施本校的大学生职业发展与就业指导课程建设和教学活动,积极促进高校毕业生就业。"

很多高校的生涯工作室团队成员都是由生涯规划课程教研团队老师组成的,因此对生涯规划课程课堂的把握,实际上是高校生涯工作室发挥自身作用的重要阵地。

5.团体生涯咨询

团队生涯咨询即为在个体生涯发展中对相关有生涯困惑的学生群体,开展团体生涯辅导、生涯交流沙龙等,通过朋辈的互动交流与思考,引导成员共同讨论大家关心的问题,彼此启发反馈,相互支持鼓励,增进成员对生涯议题的理解,提高团体成员的生涯适应性,促使团体中每个学生都获得成长。

6.个体生涯咨询

个体生涯咨询即对有生涯困扰的学生进行有效的个体咨询,提供有针对性的生涯发展支持;或根据情况及时将混杂有心理问题的学生转介到学校心理咨询中心或相关专业心理咨询机构及心理诊治部门,并做好协同合作,待学生回归心理健康后进行后续生涯支持工作。

为贯彻落实《国家中长期教育改革和发展规划纲要》精神，按照相关文件要求，不断创新大学生职业（生涯）发展教育方式方法，提升工作水平和服务能力，上海市教育委员会自 2013 年开始开展上海市高校学生职业生涯发展教育工作室申报工作。2021 年教育部启动高校职业生涯咨询特色工作室建设，我们通过几个典型案例来了解应用型高校学生职业生涯工作室的开展。

一、上海理工大学锦绣生涯工作室
（全国高校职业生涯咨询特色工作室）

锦绣生涯工作室成立于 2016 年 6 月，以"职海引航，生涯引领，成就学生锦绣人生"为初心，以"让学生成长得更好"为使命，致力于促进学生长远的生涯发展。该工作室于 2017 年获得上海市高校生涯工作室立项，于 2021 年被全国就业指导与信息服务中心认定为"全国职业生涯咨询特色工作室"。在成立初期，工作室确立了以"求职技能、试用期适应、职场礼仪、职场沟通、职场情绪管理、职场时间管理"等方面为重点的工作指导范围，为广大社会青年及大学生提供就业指导与生涯咨询等服务。

锦绣生涯工作室通过个体咨询活动、现场咨询活动、讲座沙龙活动等系列活动，以点线面结合的方式，为学生提供简历指导、面试技巧、职业发展分析。此外，工作室在咨询导师所在学院开展职业生涯咨询活动，将提供服务深入底层一线，在学校各类招聘会现场提供咨询，开展职业适应力沙龙、讲座，定期在校园里开展培训讲座，等等。工作室首创了摆摊咨询法，沉下心、俯下身，在招聘会、宣讲会等场所设置临时咨询服务摊位，现场为学生提供咨询服务，为学生提供个性化精准指导。新冠疫情暴发初期，工作室通过创新探索，利用网络提供职业咨询，咨询师们化身主播，根据学生需求备课，为分散在全国的学子提供一对一云咨询、就业指导课程直播等服务，内容涵盖就业形势与政策、就业权益维护、研究生复试指导、公职类考试指导、参军政策解读、简历修改、面试指导等诸多方面，在线答疑，助力学生精准就业。

二、河南工程学院职说心语工作室
（全国高校职业生涯咨询特色工作室）

职说心语工作室发端于 2014 年，2014 年 10 月 28 日，职说心语微信公众号开通，致力于推动大学生在学业、就业、职业等方面做出成长改变，引领其在社会实践中务实有效成长。2017 年 10 月发起成立职说心语工作室，指导学生发起成立河南工程学院职业生涯发展协会。2022 年职说心语工作室作为唯一一个来自二本院校的职业生涯咨询特色工作室，成功入围全国高校职业生涯咨询特色工作室立项项目，排名第 13 位，也是唯一入围的来自河南省高校的职业生涯咨询特色工作室项目。

2016 年职说心语推出了一个原创生涯故事栏目，以原创案例支持鼓励学生勇敢探索职业生涯，为他们在生涯和成长、学业和就业等方面的探索与实践提供支点。2017 年 10 月以来，职说心语工作室开展了一系列线上线下活动：生涯思享会、双选会现场就业指导公益咨询、社团活动、职业经理人走进 HR 课堂、工作室专访职业经理人、毕业季生涯故事会、生涯规划大赛、职业生涯导航计划等，这些活动对同学的生涯唤醒和开启、生涯探索与践行起着引领和推动作用。

与此同时，职说心语工作室通过理论与实践、校园与职场、课堂与课外、线上与线下、引进来与走出去相结合的方式，探索大学生职业生涯教育第二课堂的多元形态，将大学生的学习成长、生涯探索与社团活动、公益行动、社会参与、校园团队建设、新媒体传播等进行有机结合，引领大学生通过行动发现更为广阔的职业世界和生涯空间。

二、申建流程

高校生涯工作室的设置应以服务大学生职业发展成长为目的，建立完善的大学生职业咨询服务体系。搭建一体化职业咨询平台，结合学校长期发展规划建设目标，进行课程教学改革，整合相关教学内容，加大第二课堂活动比例；以培养"专家型职业咨询师"为目标，持证上岗，打造素质精良的专兼职职业咨询师资队伍；通过职业发展、就业、创业相关咨询辅导，促进学生自身职业发展认知，更好地适应市场对人才的需求。早在 2013

年，上海市就率先开展高校生涯工作室的培育建设工作，2021年3月，教育部发出《关于开展2021年高校职业生涯咨询特色工作室推选工作的通知》，凸显了政府对建立高校生涯工作室工作的重视，各地高校纷纷响应，高校生涯工作室申建在全国各院校如火如荼开展。应用型高校生涯工作室申建流程与一般的高校生涯工作室建设流程相同，主要的申建流程可以参考上海高校学生职业生涯发展教育工作室管理办法，从指导思想及工作要求、制度体系保障、基本设施保障、人员队伍建设等四方面来开展准备工作。①

（一）指导思想及工作要求

1．指导思想

高校生涯工作室的建设应以习近平新时代中国特色社会主义思想为指导，全面贯彻党的教育方针，落实立德树人根本任务，遵循教育规律，以为党育人、为国育才为出发点，以促进学生成长发展为目标，遵循职业生涯教育活动的特点和规律，科学有效地开展职业生涯咨询和辅导工作。

2．工作要求

高校生涯工作室核心内容为开展生涯咨询和辅导，因此有必要对生涯咨询的相关工作伦理及定位进行确认。

---

① 王洋. 高校职业生涯咨询特色工作室建设，一场关于生涯指导的探索［J］. 中国大学生就业. 2021，（14）：9–12.

在工作伦理上，高校生涯工作室可以参考社会工作的相关伦理规范，履行对生涯当事人、团队同事及生涯工作室三方的伦理责任。

对生涯需求当事人：生涯工作室的相关师资应当尊重学生的自决权，尊重其知情同意的权利，服务必须具备符合咨询的专业能力，否则必须谨慎；开展生涯辅导应当具备应对多元文化、解决问题的能力，在过程中避免与学生发生利益冲突；开展生涯咨询过程中，应当尊重学生的隐私权并履行保密原则；与学生沟通时，应当保持肢体接触规范，不得使用诽谤性的语言，确保服务质量的公平合理；另外在开展生涯辅导及活动当中应当采取合理的步骤，如在生涯辅导及活动中相关师资缺乏对学生决定能力，应当保证对学生服务中断之后及时转介等行为保障。

对团队同事：生涯工作室师资团队成员之间应当互相尊重；在开展生涯咨询及辅导活动中，同事之间要共同履行共有资料的保密责任，对案主及团队涉及信息和数据的处理应当谨慎；要妥善处理同事间跨专业的合作和争议，在开展生涯活动中为同事开展必要的交流，如有需要，提供相应的咨询；如遇团队无法提供相应服务，也应持守服务转介原则。

对生涯工作室：生涯咨询工作应当提供具有复合能力的咨询和督导，开展教育和训练责任，进行公平、审慎的绩效评估，个案记录必须正确，讲时效，重保存和妥善储存；落实个案转介制度；确保工作室内的资源充分和公平分配。

（二）制度体系保障

高校生涯工作室应当对咨询师以及咨询室相关工作人员制定相应的管理制度，以确保工作界限明确。在整个工作室运营过程中，对人员、场地物资、档案资料管理等方面，要结合学校规范，制定良好的制度体系。

1．生涯工作室机构设立

高校生涯工作室的设立要符合法律法规及所在学校校规校纪，具体设立要以印发文件或通知的形式对工作室设立予以认定，工作室应当及时在校内相关主管部门进行备案和申请，组建专门的工作小组负责该机构的运营、管理工作。

2．团队人员保障

高校应在人事管理制度上对教职工参与职业生涯咨询室工作给予政策支持，鼓励有能力、有意愿的教师从事咨询工作，并在工作量认定、职称评定的标准和名额等方面给予政策支持。

3．场地、经费保障

生涯工作室各项硬件设施的购置、师资培训、测评软件购买、后期服务支出、聘请校外专家讲座及开展生涯活动等费用均需要学校给予经费支持。[①]

---

① 何鹏. 高校职业咨询服务体系设计与研究［J］.辽宁高职学报，2015，17（3）：102-104.

（三）基本设施配置

1．生涯工作室配置

由于不同学校条件和环境不同，生涯工作室的设置地点环境差异较大，但一般来说，应设立在方便学生寻找和到达的地方，场所应当固定并且相对安静，设置相关的指示牌和介绍语，配备电话、可移动桌椅、坐垫、多媒体设备（投影仪、电脑、操作台、音响等），以及沙盘、生涯卡片等辅助工具，保证活动空间的便利性。如果有条件，相关高校还可以根据生涯辅导类型不同，设立个人生涯间、团体辅导室、专家研讨办公室、接待区、等待区等场所，力图为学生提供更好的咨询环境和条件。

2．生涯工具配备

生涯工作室须配置职业测评与咨询辅助工具。在咨询中使用评估工具，可以帮助咨询师更好地协助学生探索自己的能力、兴趣、价值观、学习偏好、决策风格等自我特质，诊断学生的困扰问题所在，帮助他们探索和了解职业，促进学生做出有关生涯发展的决策。

高校生涯工作室建设应当配置一定的生涯工具来推动工作的开展。生涯测评工具包括标准化测评工具和非标准化测评工具。

标准化测评工具是指测评的编制、实施、计分和测验分数的解释遵循严格统一的科学程序，保证对所有人来说施测的内容、条件、计分过程、解释都相同，从而保证测验的客观性和标准性。标准化测评工具可以用来了解自我、进行职业探索、帮助进行职业决策、建立发展目标、进行职业调整等。常用的测评工具有：

（1）职业兴趣量表

职业兴趣测评是帮助回答"我喜欢什么""我想做什么"等一类问题。职业兴趣一般是指任何能唤起你的注意、好奇心或者投入的事物。

① 霍兰德兴趣量表。霍兰德理论的核心思想是，个体趋向于选择最能满足个人需要、实现职业满意的职业环境。理想的职业选择是使人格类型与职业类型相互协调和匹配。它基本上由两个部分组成，一是职业类型测评，一是职业分类表。量表包括四方面的内容：活动、能力、职业和能力自我评价，每个方面都按照六种类型循序排列。测评计分是将所有肯定的答案根据类型计总分，取三个最大的维度按照由大到小的顺序排列。然后，将这三个维度的字母对照霍兰德职业分类表，并将所选的职业按自己的喜欢程度排序。

② 斯特朗兴趣量表。1927 年由斯特朗编制的兴趣量表，目前最新版本为 1985 年编制。采取的方法是：让两组被试接受测验，将两组被试反应不同的题目放在一起，构成特定的职业量表。问卷的内容包括七部分：职业名称、学校课程、活动方式、娱乐方式、所交往的人的比较、两种活动的比较、自我性格评价。斯特朗兴趣量表对个体在不同职业领域的兴趣程度进行测量，并且与该领域从业人员的兴趣值进行比较，帮助个体制订教

育和职业的计划。

（2）价值观测量

① 职业锚。职业锚是指当个人面临职业选择时，他无论如何都不肯放弃的内心最深层次的东西。目前，有八种职业锚类型：管理型、技术／职能型、创造／创业型、服务／奉献型、自主／独立型、挑战型、生活型、安全／稳定型。通过对职业发展阶段的关注，对职业变换和职业成功的分析及职业锚在自我认知过程中所产生的作用，我们可以更好地探索职业的内在层面。对于个人而言，深入地了解自己的职业锚可以帮助自己更好地进行职业生涯规划和职业决策。

② 工作价值观测评。价值观问卷在职业生涯规划中主要用于两个重点：一是协助个体澄清混淆、冲突或已经知晓的部分；二是扩大探索未知而被测量出来的部分。

（3）人格测评

标准化的人格测评，是假设个体对项目的回答反映了他们的某些人格特征，因为这代表着个体对于自己的看法。人格测评主要有迈尔斯—布瑞格斯类型指标（MBTI）。MBTI帮助人们了解个体的优势在哪儿，了解他们做哪一类工作会得心应手，不同偏好的人们是怎样相处的，分别在工作中起到什么样的作用，以帮助人们了解自己的人格类型以及与之相匹配的教育和职业领域。

（4）技能测评

技能测评可以浓缩成一句话，即"你能做些什么"。目前，采用最普遍的是 EUREKA 技能问卷，其内容分为：自我管理、情境技能、处理细节技能、动作技能、操作技能、数学技能、沟通技能、概念技能、判断技能、推理技能、人际交往能力和领导技能 12 个方面的 72 种技能。通过对 72 种技能的排序了解自己的特点，这些技能在当前的工作市场中非常热门，很多时候可以写入简历或在面试中主动表现。

特别需要注意的是，由于测评技术的局限性和规划者配合程度的差异性，所谓"标准化"应看作是相对的，在指导学生时相对准确些。但职业测评绝不是用少数工具"以不变应万变的方式"对付所有个体对不同职位的测量要求。实际上，每个学生的特点都不尽相同，各个职位所需的素质要求也是相当多样化的，因此可能产生的测评组合也就十分丰富。要想真正做到人—职匹配，必须根据个体的特点和岗位需要有效地选择测量工具。除此之外，还可以采用以下多种非标准化测评加以辅助，以便帮助学生更好地认识自己。具体包括如下工具：

（1）分类卡

这是一种有趣的彩色卡片游戏。通过对卡片的分类，能够鉴别出学生的价值观及适合他们的职业。帮助学生根据他们认为生命中最重要的、有价值的东西来做出职业生涯的决定，这一点对职业生涯的成功是非常重要的。

卡片分类的游戏可以帮助学生将他们的价值观排序，也能够被应用于测量他们对工作的认识和兴趣。以价值观排序为例，卡片可以按照一些基本的项目来排列，如：获得承认、领导力、金钱、创造性、团队协作、成就感、互帮互助、独立、挑战性等。

（2）发展清单

让学生列出在今后两年的教育／职业生涯中最为重要的价值因素，然后根据直觉来描述它。通过选择与描述，可以很好地鉴别。

选择工具时，须考虑工具本身的特点与学生之间的匹配度。咨询师须在熟悉各类相关工具的使用指导、了解工具的用途与适宜情况的基础上，综合考虑咨询的目的、学生的特点、工具的特点等方面，选取合适的职业测评与咨询辅助工具。[①]

（四）人员队伍建设

为在校大学生提供的职业咨询服务是一项涉及知识面广、内容丰富的教育活动。美国要求高等院校的职业咨询师或者从事职业指导咨询的专职人员必须具备与其职位相关的学历或者有教育学相关知识背景和工作经验，要求具有高等教育学、咨询学、辅导学等硕士及以上学位。[②] 国内社会职业咨询师则需要进行相关

---

① 高存艳. 职业生涯规划课程教学中测评工具的应用［J］. 出国与就业（就业版），2012（04）：65-66.

② 龙小军. 高职院校设立专业职业咨询室的探索与实践［J］. 科技广场，2011（12）：177.

的培训认证，例如全球职业规划师（GCDF）与中国职业规划师（CCDM），持证上岗。而据调查，现阶段高校大多数职业咨询教师都是由就业指导处工作人员或辅导员兼任，学科背景单一，大多数未经过专业系统培训。咨询师的专业度是职业咨询成功与否的关键，因此，对咨询师的选择至关重要。一个合格的咨询师需在以下四个方面达到规定要求：知识结构背景、职业道德、从业经历、综合素质。合格的咨询师需具备心理学、社会学、人力资源管理学及高等教育学等多学科知识背景，同时能对当前流行的职业测评软件测试结果进行正确的分析解读。

各校结合工作实际，可以把各系硕士研究生及以上学历的年级辅导员、主管学生就业工作负责人、校招生就业指导处（室）人员、职业生涯发展规划与就业指导课授课教师及心理咨询室的教师吸纳到职业咨询师资队伍中来，对他们进行专业培训、考证及实践，培养成专业的职业咨询师，从根本上保证职业咨询服务切实有效。

同时，各高校也可以充分开发校内、校外的专业资源投入咨询师队伍建设中。引入专业机构职业生涯规划领域的专家资源，开发分布在各职业领域的毕业生、校友、用人单位 HR 等资源，组成校内外专兼职咨询师队伍。[1]

---

[1] 何鹏. 高校职业咨询服务体系设计与研究 [J]. 辽宁高职学报，2015，17（03）：102-104.

第三章

应用型高校生涯工作室
建设历程

上海市教委落实《上海市中长期教育改革和发展规划纲要》精神，创新大学生职业生涯发展教育方式方法，每年设立20—30所市级职业（生涯）发展教育工作室。生涯工作室承担实践探索、成果共享、示范引领等任务和职责。上海电力大学朝日之窗生涯工作室2017年立项为上海高校学生职业（生涯）发展教育工作室，2019年、2021年获批上海高校学生职业（生涯）发展教育工作室（示范点）。在本章，我们以上海电力大学朝日之窗生涯工作室的实践与探索为例，探讨生涯工作室的基本情况、品牌活动的运营、育人特色等。

第一节
朝日之窗生涯工作室基本概述

一、工作室概况

(一)工作室情况介绍

1. 创立背景

大学教育的主要目标是为国家培育专业人才,一方面提供国家建设所需的各项高级人才,另一方面促进个人潜能的发挥与抱负的实现。大学生处于个体成长的特殊发展阶段,是一生中心理变化最激烈的时期,是从幼稚走向成熟的过渡期。如何帮助大学生树立正确的职业观,做好对未来生涯的规划和生涯安置,是大学生涯教育与辅导的重要方面。[1] 面对大学生目标缺失、就业迷茫等困惑,为了更好地帮助学生提高职业生涯规划意识,激发学习动力,提升就业竞争力,2009年,上海电力大学朝日之窗职业规划工作坊正式成立,2010年3月,工作坊升级为校级建设项目,2011年3月成为校级品牌项目,2017年获批"上海高校学生职业(生涯)发展教育工作室",2019年、2021年连续两次

---

[1] 乔彪、任燕刚.大学生职业生涯全程指导模式初探 [J]. 内蒙古农业大学学报(社会科学版),2003(3):3.

获批上海高校学生职业（生涯）发展教育示范工作室（全市共十家）。上海电力大学朝日之窗生涯工作室在发展中，项目逐渐完善升级，覆盖面不断扩大，受益学生以上海电力大学为核心，辐射到上海更多高校学生。

2．建设历程

上海电力大学朝日之窗生涯工作室的寓意为面向太阳的一扇窗户，核心之一是帮助学生更好地提升职业核心能力，增强就业竞争力；核心之二是助力辅导员职业发展教育能力培养，为专家型辅导员的发展提供平台。上海电力大学朝日之窗生涯工作室由一支具有高度凝聚力、战斗力和创造力的团队精心打造，旨在提高学生的职业规划意识，激发学习动力，提升未来就业竞争力。通过校企联合的方式助力学生职业发展，帮助学生了解企业人才需求，学习职业技巧，科学规划职业生涯，培育具有就业竞争力的综合型高校人才，助力建设一支职业化、专业化、专家化的职业（生涯）发展教育队伍。

在上海电力大学朝日之窗生涯工作室发展的十四年间，我们一步一个脚印，从面向二级学院开展调研、编辑简报，到面向学校，以提升大学生八大职业核心能力为抓手，开展职业生涯规划大赛，以赛促学，大力提升大学生职业生涯发展教育、管理、服务水平，再到面向上海市，注重校政社合力育人，开展各类咨询和走访……上海电力大学朝日之窗生涯工作室职业生涯导航影响力不断扩大。

上海电力大学朝日之窗生涯工作室按照发展脉络分为"旭日初升""蒸蒸日上""日照四方"三个阶段。

　　第一阶段"旭日初升"（2009—2016）："空山不见人，但闻人语响。"朝日之窗职业规划工作坊立足于唤醒学生职业生涯规划意识，开展了多项活动来激发学习动力和提升就业竞争力。2009年朝日之窗职业规划工作坊成立，2009—2016年连续承办七届职业生涯规划大赛，编制2010届毕业生就业实用手册。同时为了解决学生对于人生职业道路规划的困惑和对未来踏入职场的迷茫，工作坊联系校内职业规划师开展个性化职业咨询活动100余次，组织数场应届毕业生与新生经验交流会，帮助学生答疑解惑；开展两届校大学生模拟求职大赛，组织生涯人物访谈、编辑简报，切实做到为学生建立清晰的职业规划，指明未来的就业方向。

　　第二阶段"蒸蒸日上"（2017—2019）："荡胸生层云，决眦入归鸟。"2017年，朝日之窗生涯工作室立项为上海高校学生职业（生涯）发展教育工作室。朝日之窗生涯工作室立足于学校高水平应用型大学建设，解决就业结构化矛盾突出问题、培养德才兼备、全面发展的大学生等现实需要，构建全员全程全方位的职业能力培训体系。从大一到大四，贯通以职业规划和职业能力发展为主线的生涯指导过程，构建以咨询和信息为中心内容的生涯指导模式。2017—2018年，科学设置"6121"就业能力提升方案；开展两届就业力UP训练营，以就业力提升为导向，加强大

朝日之窗
生涯工作室成长史

2009.03
朝日之窗成立，开
展调研、编辑简报
成为校级品牌项目
并举办首届职业生
涯规划大赛

2010.03
升级为校级建设项目
组织校第二届职业生
涯规划大赛、编制
2010届毕业生就业
实用手册

2011.03
组织校第三届职业
生涯规划大赛

2012.10
举办校第四届职业
生涯规划大赛、个
性化职业咨询活动
开展

2013.05
举办校第五届职业
生涯规划大赛

2014.11
举办校第六届职
业生涯规划大赛

2015.10
举办校第七届
职业生涯规划大赛

2016.
组织校生涯三咨询
顾问团、组毕生
涯人物访谈

组织2018年就业
力UP训练营
(108人)
长阳创谷"双创新时
代春梦·遇就新时
代"论坛

2018.05
立主为上海高校
职业生涯发展教
育工作室、组织第
一届就业力UP训
练营(40人)、生涯
人物访谈、三场特
色论坛

2019
工作室和陈浦区就
业中心开始协作
组织440余场促就
业带长专航研讨
会并组织2019就
业力UP训练营

朝日之窗生涯工
作室申请
上海高校学生就
业(生涯)发展教
育示范工作室
2019.03

2020
授牌为上海高校
职业生涯发展教
育示范工作室
疫情期间开展个
体咨询活动、走访
企业、初促不止步

与上海市节能工程
技术协会共办节能
工程师实训营
开展多期研习沙龙
2021

2022
筹备书库
举办校模拟求职内训
组织多场研习沙龙

砥砺前行

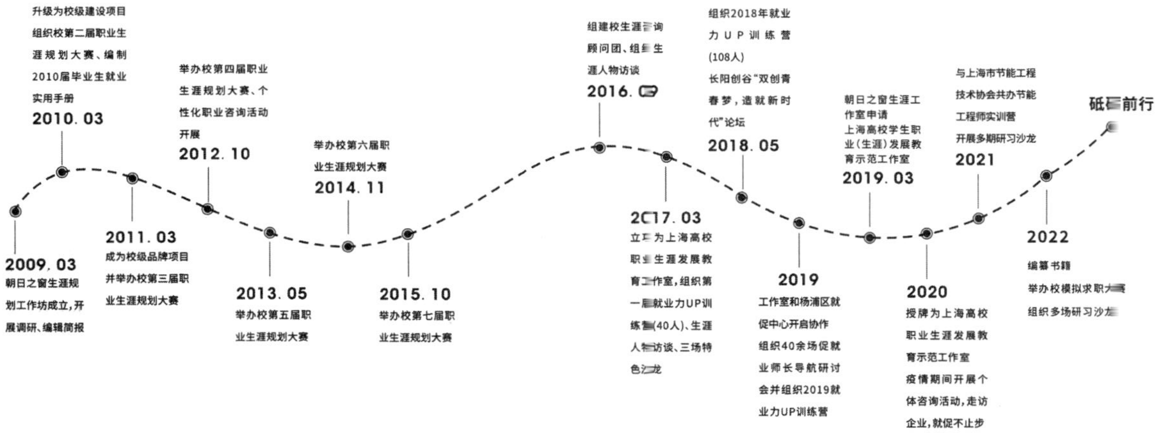

图7 朝日之窗生涯工作室成长史

83

学生职业生涯思想政治教育、创新创业能力培育，先后组织学生赴阿里巴巴创新中心、中国（上海）创业者公共实训基地、长阳创谷游学，在长阳创谷开展"双创青春梦，造就新时代"论坛。2019 年，为响应党中央号召，扎实推进就业工作，工作室建立完善的课程体系，打造实践育人平台，校政社合力育人，开展就业力 UP 训练营、新型研讨会和模拟求职大赛等活动，落实全员全程全方位的育人宗旨和稳就业目标。

第三阶段"日照四方"（2020 年至今）："欲穷千里目，更上一层楼。"2020 年至今，市级示范工作室立项挂牌。上海电力大学朝日之窗生涯工作室更多高质量活动接连展开，服务对象扩展为上海高校。为提升新生学业适应能力，工作室为新生制作了生涯九宫格，同时开展各种专题讲座；为了给学生打造真实求职实训项目，工作室举办了临港五校就业力 UP 训练营，50 名学员跟随 6 位导师一起直面职场问题。为贯彻落实我国要实现"2030 年前碳达峰，2060 年前碳中和"的重要目标，工作室举办了节能工程师实训营，走访 4 家企业，58 名学员成功结业，圆满完成"1+X"证书试点工作；疫情防控期间，工作室联合上海市杨浦区就业促进中心开展"云咨询、促就业"线上职业咨询和就业指导；为助力学生职业能力的提升和培育专家型职业发展团队，工作室开展研习沙龙，联合 5 所高校 1700 名师生线上线下共同学习探讨；为拓宽学生视野，工作室开展了囊括 15 家企业、8 所高校的走访考察学习之旅，让师生在实地考察中提升自己；2022

年，工作室开辟全新栏目"E学吧"，邀请往届优秀学生为同学们讲述成功经验及学习工作技巧，让同学们零距离零隔阂地与优秀学生交流，夯筑学生未来求职之路。

上海电力大学朝日之窗生涯工作室的活动也将精准化就业帮扶融入其中，少数民族学生、家庭经济困难学生100余人受益，学生签约率明显提升；先后有48位任课教师，23位企业高管，18位杨浦区首席指导师、上海市就业服务专家参与活动助力学生的成长，工作室先后培养了12批共150名学生干部队伍、15名辅导员参加工作室，助力职业发展教育团队养成。

（二）工作室基本条件

1．组织架构

目前，工作室成员由教师工作团队与学生工作团队组成，共有65人。工作室采用"专家督导—导师指导—理事团负责—部门实施—成员协助"的建设及运行模式。在上海市教委的领导下，在校学生处工作指导下，工作室依托教师团队的理论化、专业化指导，精准把握工作室的建设思路；依靠理事团和联席理事团，负责工作室日常管理和运行，对工作室负责；依靠各部门的密切协作，对各项活动全程跟进负责；依靠工作室成员开展具体

图8　朝日之窗生涯工作室建设及运营模式

化的实施和运行，充分发挥工作室各成员的优势，有针对性地对大学生开展生涯引导和教育。

2．教师团队

教师团队包括专家型辅导教师、上海市就业服务专家，10余位持有职业规划证书、心理咨询师证书或大学生创业指导证书，具有高质量的生涯咨询辅导资质。专业课教师、辅导员团队带领学生志愿团队，坚持10余年义务为学生进行职业生涯发展指导，聚力解决就业结构化矛盾突出问题，携手上海市杨浦区就促中心开展职业核心能力提升系列活动共221场，4300余名学生获益。教师团队热忱服务，是学生生涯路上的"好朋友"，在长期的生涯咨询与指导工作中形成了一套完整的个体访谈模式，帮助每个学生关注自己的内心；教师团队无私奉献，当学生职业能力培养的"领路人"，将学生理论教育与实践养成相结合，以就业力提升为导向，加强大学生职业生涯思想政治教育，提升大学生创新创业意识，助力学生职业软实力提升；教师团队不断学习，做职业发展教育团队的"排头兵"，积极利用自身的平台优势，开展跨区域范围的交流联动，利用线上线下平台与高校辅导员发展工作室等众多学工队伍，通过线上研讨等形式，共同交流在自身职业能力培养、学生工作开展中的经验。

工作室教师团队心怀莘莘学子，走近学生并聆听他们在生涯发展中所遇到的困惑，用实践育人化解一个又一个生涯难题，十余载来，团队坚守，用行动和汗水，在专家型生涯队伍建设上守护每个迷惘青年的梦想。

3．学生团队

学生团队是上海电力大学朝日之窗生涯工作室开展各项活动的重要支撑。他们是一群洋溢着青春活力、闪烁着创造性思维的青年学生，在负责人老师和工作室理念的指引下开展了大量卓有成效的工作。朝日之窗生涯工作室包含理事团、联席理事团，在此基础上又分设四大职能中心：策划中心、活动中心、办公中心、媒体中心。

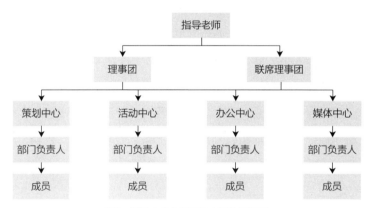

图9　朝日之窗生涯工作室团队架构图

4．咨询工具

清华大学副校长杨斌曾指出："大学教育今天迫切需要在以学科为基础的教师、以运行为导向的职员之外，充实一批专注并专长于学生诸多能力提升的专业人员的队伍，职业规划、全球胜任力培养、团队领导力提升等，都需要一批言传身教、训练有素的专门人士，加入培养人才的努力当中，成为'大学教师＋'的一部分。他们与教师和行政职员是相辅互补的，不少岗位需要有资质的人才能担任，很多角色应该是实践经验丰富才能胜任的。希望这个趋势，能引起大家的重视。"这既是生涯教育对于新型师资提出的要求，也是生涯辅导老师自我成长的专业化路径。

教育的本质意味着一棵树摇动另一棵树，一朵云推动另一朵云，一个灵魂唤醒另一个灵魂。生涯教育的首要工作是协助个人发展生涯抉择的能力，帮助个人在面对不同的生涯决定点时，能搜集、过滤、运用各种相关资料，做出最恰当的决定。生涯教育是能力导向的，以提升生涯抉择能力为最终目标，主体是被教育者自己。对大学生而言，大学阶段的生涯教育，其核心为自我教育，以提升生涯决策力、适应力、竞争力为目标。生涯教育工作者应明晰自己的定位，即作为支持者、陪伴者来推动学生自发、主动地提升相应的能力，而非直接代替学生做决定。"摇动""推动""唤醒""协助""帮助"都是师父领进门的过程，而修行，还须靠自身。

生涯教育的实现路径有很多，现阶段上海电力大学朝日之窗生涯工作室以生涯咨询见长，生涯咨询中又以个体咨询为主。以生涯咨询的方式开展个体指导，涉入程度深、个性化指导效果好，具体问题得以实现具体分析、精准应对。为充分发挥个体咨询的作用，就有必要使用一些个案推动环节的工具，如生涯彩虹图、能力倾向测试、生涯人物访谈、决策平衡单、模拟面试等。

在此基础上，上海电力大学就业指导中心在微信公众号开辟专栏"生涯GPS"，学校为每个学生绑定了账户，学生可通过"上海电力大学就业指导中心"微信公众号进入"生涯GPS"中完成评测任务，查看就业胜任力、就业质量数据等。在完成所有评测后，学生可以在"认知"中查看评测后的职业兴趣、职业信念、求职健康程度，系统会将他的职业目标、决策、规划分析出来。学生还可以在"职业"中查看系统推荐的职业。"生涯GPS"的使用可以帮助大学生更好地规划职业生涯，获取360度个人职业画像，提升就业胜任力。

以上这些生涯咨询工具的使用，帮助学生清楚地知道自己的目标和存在的问题，使得咨询师与学生在建立初步的咨询关系后，能迅速将重点转移到探索学生的生涯问题上。

5．校政社合作

2019年起，工作室和上海市杨浦区就促中心开启协作，进一步整合校政社等各方面力量，促进大学生在充分就业基础上的高质量就业。自开展合作以后，在就促领导和职业指导师的帮助、带领下，工作室开展了多种研讨、学生座谈等活动，进一步落实了全程全方位的育人宗旨和稳就业目标。工作室将与就促中心继续合作，发挥校政企合作育人的作用，共同助力高校学生就业；在为学生提供就业帮助的同时，就业服务专家们将与时俱进，了解行业趋势和新兴岗位信息，为求职者提供有针对性的精准化指导与服务。

（三）工作室品牌特色亮点建设

自成立以来，工作室一直注重品牌建设，相继设计上海电力大学朝日之窗生涯工作室LOGO，创建工作理念；立项为上海高校学生职业（生涯）发展教育工作室后，同步创建了微信公众号，并于2021年联合上海音乐学院学生完成了品牌活动——就业力UP训练营营歌的创作。

1．LOGO设计

图10　朝日之窗生涯工作室LOGO

工作室LOGO整体以"朝"字为主体，上下为工作室的全称及英文名。"朝"字始见于商代甲骨文，其古字形像日出草木之中而月还未落的样子。工作室取"朝日"之意，将无限的希望寄予其中，一方面希望所有成员像初升的太阳一样充满活力，能全身心地投入生涯教育活动中去，另一方面也期盼工作室的工作能步步高升。朝日散光，光汇七色，工作室在设计LOGO时多种颜色点缀"朝"字，喻示着在生涯教育这条大道上，我们将竭尽全力帮助学生描绘多彩的未来，也为生涯发展教师团队队伍建设的画卷上添以更多缤纷色彩。

2．工作理念

上海电力大学朝日之窗生涯工作室的工作理念为"树人以业，匠心予职"，英文译为"Cultivate People With Industry And Work With Ingenuity"，意为朝日之窗生涯工作室将以匠人的精心来栽培人才，用职业规划与教育指引人前行。"树人以业"——围绕着立德树人的根本任务，以就业作为落脚点，为学生"传道授业解惑"；"匠心予职"——工作室团队将以工匠精神为内驱力来开展各项活动与工作，提升师生职业选择能力、职业素养和职业技能。

3．微信公众号运营

交互平台也是生涯教育实现路径之一。上海电力大学朝日之窗生涯工作室的交互阵地便是微信公众平台。互联网时代，大学生更加依赖于从互联网获取资讯。考虑到信息爆炸带来的信息质量良莠不齐，为了让生涯教育相关的信息得以有效传递，官方的生涯教育信息推送系统显得至关重要。2017 年，上海电力大学朝日之窗生涯工作室微信公众号创立。

定位：以生涯教育服务为主，包含就业指导、人物访谈、职业探索、就业力提升等主题。

受众：受众群体不断扩大，不仅为在校学生提供信息，更辐射到了校内老师、用人单位、校友、社会大众。

运营模式：与传统媒体单向宣传、受众被动接收的传播形式不同，微信公众号更加具有交互性，可以通过互动提升用户黏度。上海电力大学朝日之窗生涯工作室微信公众号会发布活动与咨询相关的推送，鼓励大学生积极参与，提升个人能力，也便利他们找准未来方向。

内容：

（1）工作室针对生涯教育主题相关的活动进行宣传与组织推广，例如大学生求职模拟大赛、就业力UP训练营、研习沙龙、个体咨询等。

（2）工作室充分发挥朋辈引领作用，于2022年3月开创全新专题栏目"E学吧"，邀请优秀毕业生学姐学长做分享，实现了便捷且高效的信息沟通与交流，更好地促进学生对个人发展方向的思考，提前为目标做准备，提升相关的能力素质、积累经验。

4．训练营营歌

立足于上海电力大学朝日之窗生涯工作室品牌建设，工作室团队成员于2021年开始就业力UP训练营营歌的编词编曲等工作。同年4月起，上海电力大学朝日之窗生涯工作室向校内专家咨询歌曲创作方法，确定主旋律和关键词，工作室团队成员结合工作室创办历史和就业力UP训练营课程体系及育人成效，通过多次会议研讨完成训练营的营歌编词工作。在训练营编词工作完成后，工作室邀请上海音乐学院学生编曲。营歌朗朗上口，激发了同学们奋发向上的前进动力，展现出青年磅礴的青春力量，目前这首营歌被广泛用于工作室活动。

训练营营歌

朝日之窗　追梦的地方
我们肩并着肩　阔步向远方
哦~远方

朝日之窗　向阳的一扇窗
梦想无惧风浪　展翅飞翔

一刻也不能停息　不断地寻觅
未来的迷惘笼罩着你
当挫折来临　汗泪交集
黑夜过去　终有奇迹

透过窗　灿烂朝阳点亮梦想
向着光　青春少年满怀志向
所谓困难迷茫　失意惆怅
都是你的成长
争做时代后浪　我们陪你启航
去乘风破浪

故事最初　团训里播种

成组交流　陌生无影踪

有导师亲切话语　让目标逐步明晰

创新创业　涌现无限思想

上海高度　拓广眼界视角

模拟面试　企业寻访

未来方向　逐渐明朗

转变固有观念　提高综合素质

沉浸体验　能力蜕变成长

勇于表现　大放光芒

就让我们　势不可挡～

透过窗　似火朝阳点亮梦想

弹指间　点滴记忆汇成青春

也许求职路上　会有挫折

请别灰心放弃

那就一路向前　我们在这陪你

向朝阳奔去

要铭记　重任在肩要靠自己

莫忘记　拼搏就有一席之地

无数人在努力　旭日升起

可以永远相信

慢慢擦干汗水　笑容脸上洋溢

再听他们说起

（全都能过去）

似火　似光　执着　守望

（一起披荆斩棘）

有梦　有想　心底　回荡

（有我们陪你）

不卑　不亢　挺起　胸膛

现在　未来　由我　主张

录音室音频版本：

（四）育人成效

　　十余年来，工作室举办和承办的项目与活动在校内外产生了较大的反响，多家媒体宣传报道，工作也得到了校内外的一致好评。光明日报、青年报、北极星电力网对就业力 UP 训练营做《就业力也能培训？上海电力学院 UP 训练营让大学生直呼管用》《上海电力学院的就业训练营让大学生直呼管用》《上海电力学院将课堂开到长阳创谷》等专题报道，上海电视台制作视频《就业力 UP 训练营 培育鼓励大学生创业》进行报道。青年报、解放日报就就业指导、职场育人做了专题报道，工作室创始人杨红娜接受青年报乐业人物专题采访，上海电视台新闻综合频道专题采访。光明日报、东方网也就节能工程师实训营做了专题报道。

十年磨砺，不忘初心。十余年来，上海电力大学朝日之窗生涯工作室承办了 7 届职业生涯规划大赛，十余届大学生模拟求职大赛，百余次个性化职业咨询，5 届就业力 UP 训练营，超 10 期专题研讨会，共有 4300 余名师生参与并从中获益。工作室的活动将精准化就业帮扶融入其中，品牌活动被多家媒体报道。工作室培养了 12 批 150 名学生干部队伍，15 名辅导员参加工作室助力职业发展教育团队养成，辅导员依托工作室发表论文 20 余篇，申请校内外课题 20 余项。

所获荣誉：

2017 年获批上海高校学生职业（生涯）发展教育工作室

2019 年获批 2020—2021 年上海高校学生职业（生涯）发展教育示范工作室

2021 年获批 2022—2023 年上海高校学生职业（生涯）发展教育示范工作室

2020 年度工作室获评"上海电力大学三八红旗集体"

2020 年工作室品牌活动获评"上海电力大学十大文明创建优秀项目"

2022 年获批上海市教育系统巾帼文明岗

二、工作室模式与特点

　　上海电力大学朝日之窗生涯工作室重点以提升大学生八大职业核心能力为抓手,通过工作室创建,大力提升大学生职业生涯发展教育、管理、服务水平;以专家型师资建设为培育重点,全面提升辅导员四大具体化的职业能力,打造协同育人新模式,将示范工作室建设成职业生涯发展教育专家型辅导员的培育孵化器。工作室依托学涯导航项目、求职实训项目、个体生涯咨询项目,来提升学业适应力、育人有效力和育人专业力;依托考察学习之旅和研习沙龙项目,拓宽育人视野,打造学习思维力。下面重点阐述职业核心能力和五位一体模式。

1. 职业核心能力

　　职业核心能力是人们职业生涯中除岗位专业能力之外的基本能力,它适用于各种职业,适应岗位的不断变换,是伴随人终身的可持续发展能力。德国、澳大利亚、新加坡称之为"关键能力";美国称之为"基本能力",在全美测评协会的技能测评体系中被称为"软技能";在我国大陆和台湾地区称它为"关键能力",我国香港称之为"基础技能""共同能力"等等。

　　职业核心能力是职业教育和人力资源开发的热点。在吸收德国、英国的先进经验,并结合中国国情之后,自1998年开始,我国把职业核心能力纳入《国家技能振兴战略》,并将其分为八项,称为"八项核心能力",包括与人交流、与人合作、解决问题、自我学习、信息处理、数字应用、创新革新、外语应用。[①]
八项职业核心能力可以分为"职业社会能力"和"职业方法能力"两类。

职业社会能力是指与他人交往、合作、共同生活和工作的能力，它既是基本生存能力，又是基本发展能力，是劳动者在职业活动中，特别是在一个开放的社会生活中必须具备的基本素质。职业社会能力包括与人交流、与人合作、解决问题、外语应用等能力。

职业方法能力是指主要基于个人的，一般有具体和明确的方式、手段的能力，它主要指独立学习、获取新知识技能、处理信息的能力，是劳动者的基本发展能力，是在职业生涯中不断获取新的知识、信息、技能和掌握新方法的重要手段。职业方法能力包括自我学习、信息处理、数字应用、创新等能力。

大学生是实施创新驱动发展战略和推进大众创业、万众创新的生力军。高校毕业生就业事关经济发展和民生改善大局，关系到大学生的成长成才和家庭的幸福，关乎社会的安全稳定。中共中央、国务院高度重视毕业生就业创业工作，习近平总书记在党的十九大报告中提到："就业是最大的民生。要坚持就业优先战略和积极就业政策，实现更高质量和更充分就业。大规模开展职业技能培训，注重解决结构性就业矛盾，鼓励创业带动就业。提

---

① 李荣辉.职业核心能力在计算机教学中的应用研究［J］.读写算（教研版），2015
（9）.

供全方位公共就业服务，促进高校毕业生等青年群体、农民工多
渠道就业创业。"

党的二十大报告提出：实施就业优先战略。强化就业优先政
策，健全就业促进机制，促进高质量充分就业。不少院校在企业
用人单位的调研中发现，企业用人，聘与不聘关键在综合素质。
因此，培养毕业生的职业技能和职业素质是增强他们就业竞争力
的根本。

2．五位一体模式

作为一支具有高度凝聚力和创造力的团队，上海电力大学朝
日之窗生涯工作室旨在提高学生的职业规划意识，激发学习动
力，提升未来就业竞争力。通过校企联合的方式助力学生职业发
展，帮助学生了解企业人才需求，学习职业技巧，科学规划职业
生涯，培育具有就业竞争力的综合型高校人才。为此，朝日之窗
生涯工作室以八项核心能力为导向，以五大模块为依托（学涯导
航项目、求职实训项目、研习沙龙项目、考察学习之旅、个体咨
询项目），开展多场生涯育人实践活动。

学涯导航项目，旨在提升学业适应力；求职实训项目，旨在
提升育人有效力；研习沙龙项目，旨在打造学习思维力；个体咨
询项目，旨在提高育人专业力；考察学习之旅，旨在拓宽育人的
视野。上海电力大学朝日之窗生涯工作室依托"五位一体"的运
转模式形成育人闭环，唤醒学生职业生涯规划意识，激发学习动
力，提升就业竞争力，实现大学生的高质量充分就业。

同时上海电力大学朝日之窗生涯工作室在不断实践中秉持"树人以业，匠心予职"的工作理念，在学生职业核心能力提升，培育专家型职业发展教育团队的道路中形成了专属于自己的特色。品牌特色——主题鲜明，理论教育与实践养成相结合，以就业力提升为导向，加强大学生职业生涯思想政治教育，提升大学生创新创业意识，助力学生职业软实力的提升；育人特色——校企联合培训学生，理论和实践相结合，提升学员多方面能力，从而增强其就业力；以实践提升项目团队教师的综合能力，帮助项目教师团队专业化方向发展；实践特色——导师团队强大，创新创业实践基地游学，课堂开到长阳创谷等基地。组织完善，活动报名阶段将精准化就业帮扶融入实训项目；设计意见反馈表不断完善课程体系；成果特色——指导前移、动静结合、跟踪反馈。

第二节

朝日之窗生涯工作室代表性实践活动

自 2017 年立项为上海高校学生职业（生涯）发展教育工作室后，上海电力大学朝日之窗生涯工作室以提升大学生八大职业核心能力为抓手，大力提升大学生职业生涯发展教育、管理、服务水平，并助力职业发展教师团队的养成。

图 11 为上海电力大学生涯工作室总体建设模型。

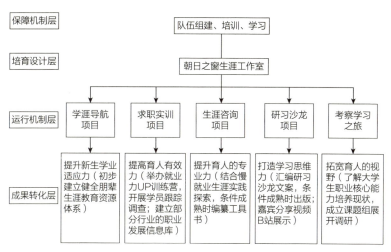

图11　朝日之窗生涯工作室建设模型

一、学涯导航项目，提升学业适应力

学涯导航项目主要依托新生学涯导航、师长导航研讨会、E学吧三种模块开展，下面分别介绍。

模块1：新生学涯导航模块

（一）理论依据与工作思路

1．理论依据

开展大学生涯规划教育，帮助学生初步确立人生发展目标，科学规划大学生涯，为未来的职业发展做好知识、技能、素质储备是职业生涯规划的重要途径。帮助学生了解生涯规划的基本理论、基本知识、基本原则，树立正确的职业价值观，了解自己的性格、兴趣和专长在生涯规划方面具有重要意义。

通过开展新生入学教育系列活动，帮助新生了解认识学校和专业，尽快适应环境，合理规划大学生活，树立明确的发展目标，教育引导学生扣好迈入大学校园的第一粒扣子，自觉做到爱国、勤学、务实、奋进，践行社会主义核心价值观，为实现学校人才培养目标夯实基础。

2．工作思路

立足帮助新生尽快适应大学学习和生活，确立新的奋斗目标，结合00后大学生思想、生活、学习特点和成长规律，上海电力大学朝日之窗生涯工作室每学期开展新生生涯规划教育系列活动，引导新生制定个人目标。用目标导学，引导新生明确职业发展方向，强化学生学习动力，帮助学生为实现奋斗目标发奋学习；认真落实学期目标和阶段目标，充分开发学习潜能，提高学习自觉性和有效性，科学制订生涯规划。

（二）实施过程及特色做法

1. 理论与实际结合——精心设计生涯九宫格，开展生涯全面性教育

上海电力大学朝日之窗生涯工作室精心设计生涯九宫格表格。全新的生涯九宫格，将校训和校园风景设计其中，融入了育人理念和生涯规划教育理念，从学业发展、职业发展、人际交往、个人情感、财务管理、身心健康、休闲娱乐、家庭生活、服务社会九大方面入手，鼓励新生在进入大学伊始就开始思考自身问题与方向目标，唤醒学生职业生涯规划意识，激发学习动力，助力新生成为更好的自己！

生涯九宫格是很好的可量化工具，展示了"平衡"和"准备"两个关键词。可以评估之前的综合发展，对比之前的自己，看到缺失的方面，同样也可以看到进步之处。用目标导学，落实学期目标和阶段目标，强化学习动力，明确职业发展方向，为实现奋斗目标发奋学习。引领学生从一名合格大学生到优秀大学生，最后成为一名卓越大学生，服务奉献社会。

2. 围绕育人目标开展新生生涯规划系列专题讲座

上海电力大学朝日之窗生涯工作室围绕育人目标，根据生涯九宫格学生填写的基本情况，邀请专家开展"劳模进校园""企业高管话生涯""知网学习探索""赢在智力之外，和情绪做朋友"等专题讲座，以加强劳动教育和学术诚信教育。帮助新生了解职场基本信息，学会情绪控制，提升抗压能力，进一步强化了生涯规划教育和生涯导航教育。

在"劳模进校园"活动中，我们邀请了全国劳动模范、全国学雷锋标兵、上海团市委常委、上海第十一次党代会代表、上海十佳杰出青年、地铁人民广场站熊站长，为新生带来了一堂别开生面的"劳模精神进校园"公开课。在公开课上，熊站长以"做你喜欢的，喜欢你做的"为主题，从自身职业"地铁人民广场站"站长出发，讲述了自己十八年来常人难以想象的坚韧努力和执着坚守的事迹，完美诠释了地铁人坚守初心的精神。

在"赢在智力之外，和情绪做朋友"心理健康专题讲座，上海青展企业管理咨询有限公司创始人周女士通过冥想体验、主题演讲、师生互动三个环节，让同学们更加全面了解了自身心理和情绪，努力做情绪的主人，理智解决问题，和情绪做朋友，做到"新时代、心健康、心能量"。

3. 结合学生自身实际，开展新生个体生涯咨询活动

在专题讲座期间，工作室集中开展新生个体生涯咨询活动，

杨浦区就业促进中心的专家和校内导师共同参与，帮助新生开展适应性、人际关系、学业困难等咨询，引导助力学生更好地适应大学生活，制订自身的职业生涯规划。工作室每周定期安排开展个体咨询工作，帮助新生更好地适应大学生活。

4. 制作"新生入学教育活动记录卡"，量化考核效果良好

新生入学专题教育配合"大学生入学教育与生涯规划"课程开展，为清晰课程考核量化指标，激励学生积极参加新生入学教育活动，上海电力大学朝日之窗生涯工作室精心设计了"新生入学教育活动记录卡"，记录卡封面盖章，军训后发放给每个新生，参与入学教育活动在记录手册上填写学习收获，并由组织方盖章。运行下来情况良好。

（三）主要成效和经验

1. 主要成效

大一属于预备期，是影响学生大学其他三年的重要一年，所以第一步一定要走好，这样才可以为其他三年打下良好的基础。大一学生一天一天向大四走去，我们需要帮他们解决在大学期间学什么、怎么学、什么时候学等问题，同时也是为了打好将来制订人生职业规划的基础。根据新生的特点，帮助其树立危机意识，培养自主学习的意识和能力，消除学生的不良思想。

通过学涯导航项目，让刚进入大学的新生对大学期间的学习规划、职业规划、职业生涯规划有更清晰的认识，从"认清自我"到

"准确定位"，为未来的就业和事业发展做好准备。

通过"劳模进校园"主题活动，让广大学子能在同劳模近距离的接触和交流中，感受到他们"勤奋做事、勤勉为人"的精神风貌，学习他们"以劳动托起中国梦"的付出与奉献，从而把崇尚劳动、热爱劳动的精神印在心田，激励广大学子以他们为榜样，树立"以劳立身，以劳兴国"的劳动价值观，练就真本领，造就闪光的人生，在实现中国梦的伟大进程中拼搏奋斗，争创一流，勇攀高峰。通过"企业高管话生涯"活动，让同学们了解企业生活，也为了解大学四年后自己的目标做铺垫。通过"知网学习探索"活动，让新生了解并合理运用知网进行学习。通过"赢在智力之外，和情绪做朋友"活动，让大家在今后的学习生活中学会冷静自持，从容面对各种环境。

2. 经验总结

(1) 合理运用新生导航工具，正确进行生涯规划

"我是谁？我想做什么？我会做什么？环境支持或允许我做什么？我的职业和生活规划是什么？"这是每个人在一生中不止一次会面对和思考的问题。如果人生是在大海里航行，那新生导航生涯规划就好比一座灯塔，时刻指引人们沿着正确的方向和路径前进。它告诉人们如何客观评估个人目标与现实需要之间的差距，从而选择适合自己的道路，运用科学的方法，采取切实可行的措施，逐步实现自己的职业目标与人生理想。在开展新生启航的过程中，以助人为宗旨，帮助新生做好入学的第一步规划。引

导学生正确认识自身的个性特质、挖掘自身潜力！

（2）依托多种载体合力育人，加强对学生理想信念的教育

在新生导航教育中，力求帮助新生对专业树立坚定的信心。首先让新生了解专业特色和专业人才培养目标，了解大学的学习方法，以便更好地适应大学生活，树立对未来的信心。另外，通过新生导航教育活动来提升新生专业素养和诚信意识，让新生学会用信息解决问题，让搜索力赋能终身学习。同时勉励新生不忘"初心"与"使命"，坚定理想信念，勇于担当作为，为新生未来发展指引方向。

模块 2：师长导航研讨会

（一）理论依据与工作思路

1. 理论依据

中共中央、国务院《关于加强和改进新形势下高校思想政治工作的意见》提出，坚持全员全过程全方位育人。高校要把立德树人作为根本任务，融入思想道德教育、文化知识教育、社会实践教育各环节，把思想政治工作贯穿教育教学全过程，把思想价值引领贯穿教育教学全过程和各环节，形成教书育人、科研育人、实践育人、管理育人、服务育人、文化育人、组织育人长效机制。工作室针对高年级学生组织开展的师长导航研讨会，全面落实学校做好毕业生就业创业工作的重要部署，以创新创业为推动力，实现高质量和更充分就业，全程全员全方位育人，帮助毕

业生了解自我，探索职场，明确目标。[①]

2．工作思路

目前就业结构化矛盾突出，大学生就业压力大，对于未来比较迷茫，为了培养适应就业市场的德才兼备全面发展的高素质人才，工作室就此举办了师长导航研讨会，通过教练技术推动行动，就考研、出国、考公、就业和创业五个方面分不同专业进行座谈，请来多位老师倾情相授，提高大学生的就业竞争力及创新创业能力。

（二）实施过程及特色做法

1．从学生实际出发，为学生排疑解难

研讨会本着以"学生说，老师听""学生问，老师答""疑问多，启发多""范围小，聚能量"为特色的原则，从学生个人的"自我介绍""就业方向""准备情况""求职困惑"四个方面展开讨论。此环节不仅快速帮助指导老师获取学生情况，同时也锻炼了大学生在初入职场前的个人表达能力。

就业与考研是毕业生的两大热门走向，研讨会也为同学们邀请了理论和实践经验双丰富的老师来进行指导，从信息收集渠道、面试全过程的准备、就业形势的把握、就业心态的调整、就业思路的拓宽等方面给予实操性建议。

[①] 唐君，张燕. 立德树人视域下"三全育人"与学生管理工作融合探究［J］. 西部素质教育，2022，8（7）：3.

2．多方齐力协助，完善各个环节

师长导航研讨会由上海电力大学朝日之窗生涯工作室与上海市杨浦区就业促进中心携手举行，通过调研学生需求和职场需求，按照国家对人才培养要求精心设置校园研讨会。研讨会邀请了专业课老师、辅导员和杨浦区首席指导师参与指导，主要内容包括学生自我介绍，老师就考研、就业、出国、考公和创业方面进行指导，划分专业进行专场研讨会活动。

3．理论与实践结合，规范教育流程

将理论教育与实践养成相结合，以就业力提升为导向，加强大学生职业生涯思想政治教育，提升大学生创新创业意识，助力学生职业软实力的提升。落实中共中央、国务院《关于加强和改进新形势下高校思想政治工作的意见》提出的"坚持全员全过程全方位育人"。以全面提高人才培养能力为关键，切实提高工作亲和力和针对性，强化基础、突出重点、建立规范、落实责任，一体化构建内容完善、标准健全、运行科学、保障有力、成效显著的高校思想政治工作体系，使思想政治工作体系贯通学科体系、教学体系、教材体系、管理体系，形成全员全过程全方位育人格局。同时通过由学生提出疑问、老师解答并进行指导的方式，让学生在就业的道路上少犯错误。

（三）主要成效和经验

1．主要成效

自上海电力大学朝日之窗生涯工作室举办师长导航研讨会以

来，成效显著。研讨会根据学生未来职业选择，通过教练技术推动行动，就考研、出国、考公、就业和创业五方面共开展42场座谈会，分类分专业面向2016级共7个专业的464名学生。同时，此次活动得到了各方领导及老师的大力支持，共48位专业课老师、7位辅导员参与指导，另有来自杨浦区的18位首席指导师倾情相授。师长导航研讨会被中国青年网报道，活动有较大影响力，上电发布、上海电力大学朝日之窗生涯工作室微信公众号共推送二十多期，微信推送在校内外获得好评，同行高校也频频点赞学习。

2．经验总结

始终围绕国家政策，理论融于学生具体实践。师长导航研讨会以"三全育人"为原则。"三全育人"综合改革既是对当下育人项目、载体、资源的整合，更是对长远育人格局、体系、标准的重新建构。做好试点工作，不仅要巩固优势、扩大影响，更要破立并举、善于创新。通过改革试点，构建一体化育人体系，为办好中国特色社会主义大学、培养德智体美劳全面发展的社会主义建设者和接班人贡献力量。理论指导和实践培训相结合，增加学生亲身体验、模拟实战的培训内容，跟踪反馈。而每次研讨会结束后要了解学生的反馈，及时对下一次的研讨会进行调整并且采取建议，以学生的需求为出发点，对下一次研讨会进行改革和创新。

师长导航之信息管理与信息系统专业

2019 年 10 月 23 日，上海电力大学朝日之窗生涯工作室组织 2019 级信息管理与信息系统专业两个班级进行了一次师长导航研讨会。该会由李老师主讲，会上李老师主要对该专业就业方向提出一些建议。

该专业未来就业方向建议，信息：大数据公司、电商公司、互联网公司等；管理：数据管理、跨境电商平台、大型外企均可。该专业人才培养及定位方向（例如软件开发、电子商务等），软件开发：掌握管理信息系统的分析设计方法、软件开发工具、商业建模和数据分析工具；电子商务：利用信息技术从事商业、交易、市场、营销、管理等的实践、研究或教学。随后李老师详解了该专业可参加的相关竞赛赛事及创新活动等。最后李老师还对该专业硕士研究生可选择方向（考研科目及考研专业方向等）做了介绍。

工商管理促就业专题研讨会

2019 年 10 至 11 月间，上海电力大学朝日之窗生涯工作室组织开展了工商管理师长导航研讨会，本次研讨会活动共举办了 8

场，邀请了 11 名校内老师、1 名杨浦区就业导师、2 名企业 HR 担任主讲嘉宾，95 名同学参加此轮研讨会。此次研讨会就就业、考研、留学和考公务员四方面为同学们答疑解惑。

1．就业方向

（1）利用寒暑假实习，积累经验。

（2）在选择岗位时要慎重考虑，要有针对性，单位可以换，职业不能随便换。

（3）就业时可以不局限于本地，找到好的单位才利于自身未来的发展。

（4）职业不能只看表面，要了解它的实质，看看自己是否适合。

（5）就业时工作与专业不匹配是正常的，目光要放长远，可以尝试创业。

（6）税务对专业要求较高，各部门划分很明显。

（7）财务方面的同学考取相关证书来提升自己，可以去会计师事务所实习，了解财务系统。

2．考研方向

（1）多刷真题，了解近年来的考题方向，做到心有把握。

（2）填志愿时，可以根据自己的兴趣选专业，找到属于自己的定位。

（3）可以跟考研成功的学长学姐学习交流考研的经验，讨论学习之道。

（4）先确定院校，看联考收的人数，把考试情况摸清楚。根据方向，看学校的往年录取率来选择是否服从调剂。

3．出国留学方向

（1）确定国家和目标院校，可以先确定院校再决定方向，选择一个安全的国家尤为重要。

（2）可以寻找中介帮助规划，请教学校的老师或者辅导员，以及有经验的学长学姐来帮助你指明方向。

4．考公务员方向

（1）同学们应该注意如何协调工作、分配时间等面试问题。

（2）一定要慎重思考自己想报考的职位，对于想报考的城市，千万不可想当然，不可意气用事。

（3）主要关注职位的竞争变化，关注自己的优劣势，也分析一下职位的特点，千万不可盲目。

（4）在选择职位时，不要单看招录人数，还要看职位的其他要求，往往其他要求能卡掉很多报考者，报的人数少，自然进入面试的概率更大。

模块 3：朋辈辅导——E 学吧

（一）理论依据与工作思路

1．理论依据

朋辈群体也称同辈群体和同龄群体，是由年龄相仿、兴趣、态度相似，具有相近价值观和社会地位的人组成的非正式的初级群体。朋辈群体信息共享、观念互通和行为技能互补，从而相互促进、共同成长，以达到一定的教育目标，这种教育方式被称为朋辈教育。从大学生的特点上看，学生在遇到难以解决的问题时，更愿意找朋辈同伴帮助。朋辈辅导是大学生自我教育的有效形式，朋辈之间拥有相同或相近的年龄经历、教育背景、兴趣爱好、共同话题等，因此，朋辈辅导具有天然的优势，更容易引发共鸣。将朋辈辅导引入大学生职业生涯教育中，旨在通过朋辈辅导的主体性、渗透性、互动性等特点，引导大学生发现职业兴趣，并根据自己的兴趣、能力，找准职业的切入点，最终做出满意、合适的职业选择。

所谓主体性，指朋辈辅导是在朋辈间展开的平等的教育交往，朋辈辅导者和受辅导者都在交往中发挥着主体的作用，因此，能够充分释放大学生的积极性和创造性。渗透性是指朋辈辅导的实施有显性的教育形式，但更多的是通过隐性的教育形式展开的，通过共同学习生活潜移默化地影响受辅导者。互动性指的是朋辈群体具有平等的地位、相近的情感、共同的话题，在价值观念、生活经验和生活方式等方面都极为相近，朋辈之间互动的内容广泛、互动的频率较高、互动的形式多样，因此，能够取得相互促进、共同成长的效果。①

---

① 李宁，刘媛媛.朋辈辅导：大学生职业生涯教育的创新渠道［J］.河北职业教育，2016（2）：30-32.

2．工作思路

当前，社会呈现"企业招人难，学生就业难"的现状，企业所需人才日益趋向"专业化复合型"转变。为帮助大学生应对新的复杂就业形势，上海电力大学朝日之窗生涯工作室精准把握网络育人，以网络为媒介，开展朋辈辅导，更好地促进网络育人的高质量发展。网络环境下能快速获取信息，工作室将收集到的信息整理并进行筛选，再根据学生需求邀请优秀毕业生学姐学长做分享，以增进在校大学生对就业形势的认识。

(二) 实施过程及特色做法

1．朋辈辅导 + 互联网，延展线下教育模式

多元化的网络让各大高校拓展延伸出新的教育模式——网络育人。网络育人具有"多样性、自主选择性、跨时空性"等特点，以互联网 + 朋辈辅导相结合的模式，结合学生的年龄、专业性质等特点，抓住大学生毕业发展方向、就业等学生感兴趣的话题，进行正面的经验指导，加强大学生职业生涯思想教育。"互联网 +"符合青年学生发展的需要，良好的网络思想政治教育不但能传承传统的教育内容，而且能提供界面友好、直观的交互式学习环境，网络技术表达能力丰富，如各种图、文、声并茂，有利于提高学生主动探索知识的能力。

2．朋辈辅导 + 板块辅导，强化辅导效果

2020 年以来受疫情影响，就业指导线下开展具有一定难度，

而大学生不能明确地认识与理解就业、生涯规划，基于此，上海电力大学朝日之窗生涯工作室开辟了"E学吧"栏目。"E学吧"中，E是指上海电力大学，"学"为优秀的同学、榜样，"吧"同"巴"意指靠近，表示优秀同学的集合。"E学吧"的优势首先在于优秀朋辈辅导的示范效应有助于激励大学生主动关注生涯发展，其次通过朋辈经验分享能让大学生了解目前社会就业形势，寻找和确定未来的职业发展，提前为就业提升职场相关能力做准备。

"E学吧"主要由优秀学生、优秀校友组成，设置"寻求大学发展目标、职场能力提升、求职路、二学位、出国准备、考研、西部计划"7个板块进行专题分享。通过"E学吧"平台，让优秀校友分享在校期间的学习、工作，以及如何为目标做准备的经验，为学生指点求职迷津，帮助学生在特殊环境中制订合理的职业生涯规划并具体落实到行动上，成为德才兼备全面发展的大学生。

3. 朋辈共情强，凸显育人成效

朋辈之间拥有相同或相近的年龄经历、教育背景、兴趣爱好、共同话题等，故朋辈辅导更容易引发共鸣。设立该栏目旨在通过朋辈分享，让刚进大学的同学们能够更快地融入校园生活中，解决内心的迷茫和困惑，在职业生涯规划上给予他们一定的指引。朋辈以其更贴合学生实际的经验，帮助新生或者处在迷茫期的同学缩短迷茫期，提前考虑自己大学的目标及未来想从事的职业，并将想法落实到行动当中，去结识更多志同道合的朋友，拓宽自己的学习圈，并不断丰富自己的人生阅历，提前打造具有竞争力的简历背景，或者为想考研、出国的同学提供准备经验参考，让他们树立目标后，坚持心中所念，放飞梦想，成就自我。

（三）主要成效和经验

1．主要成效

为引导在校学生树立正确的就业观和择业观，推进"稳就业，促就业"，传递优秀榜样力量，激励在校学生珍惜大学时光，明确学习方向，提升自身素质，2022年3月，上海电力大学朝日之窗生涯工作室开设"E学吧"线上分享栏目。工作室从学生实际需求及学生感兴趣的话题出发，筛选确定了7个分享主题，帮助全校学生了解当下的就业形势。通过参与"E学吧"线上分享栏目，学生开始思考自己未来发展方向，明白可以通过哪些途径在大学期间提升职场素养，若要出国或考研，应该怎么提升上岸可能性，开始明确发展规划，有意识、有计划地朝着目标去努力，提升综合能力，从而增强其就业力及竞争力。截至目前，E学吧共制作发布25篇分享推送。

2．经验总结

（1）围绕网络育人，整合高校、社会资源，帮助学生树立正确就业观和择业观

我国高校朋辈生涯规划教育也要整合校内外各种资源，建立

立体交叉、多元渗透、全方位的多层次辅导体系。朋辈教育有其自身的天然优势，同时工作室也有专业课教师、辅导员、校友等多方人力资源的共同配合。学校朋辈指导生涯规划教育始终围绕网络育人，引导就业的目标，依据生涯发展需要，建立多层次的辅导体系。如对于大一新生，要注重自我认知，帮助学生了解自己的兴趣爱好和特长，以及生涯规划意识的激发。大二、大三学生要开始了解专业发展和就业前景，加强职业技能的培养。大四学生要关注求职技巧的提升和职业决策。"E学吧"朋辈分享依托互联网，达到快速信息获取的效果，帮助新生初步确定大学的努力方向，缩短其进入大学的迷茫期，尽快了解自己的兴趣爱好，大二、大三同学更多会纠结考研和就业，通过分享，可一定程度帮助学生解疑答惑，大四学生则可以积累优秀校友的面试经验与技巧，提前制作简历，熟悉大致的面试流程。

（2）逐渐拓展朋辈辅导的形式与内容，增强育人品牌建设

生涯规划朋辈辅导成员由校内优秀学生和优秀毕业校友共同组成，校内优秀学生分享侧重学习、自身能力提升，优秀毕业校友对社会需要及企业对人才的标准有一定的了解，同时对于本校学生专业和发展需求有切身感受，让他们参与到大学生职业生涯规划教育中，可以实现学校与社会相结合。通过他们的面试经历、工作心得分享等，能够帮助学生了解就业形势，积累职场经验，提高生涯规划能力。

求职经验分享

E学吧｜2020届毕业生杨校友：开局即决战，起步即冲刺

受疫情影响就业形势严峻，杨校友从面试和就业两方面分享了自己的经历，面试最重要的就是简历和面试交流。

1．就业·简历制作

简历是面试官了解应聘者的第一份资料，简历的排版与书写就是给面试官的第一印象。由于信息管理与信息系统就业方向比较广泛，面试岗位也相对较多，要结合不同应聘岗位修改完善简历内容，尽最大可能展现出自己的能力。

工作经历：工作经历是HR的关注点，面试过程中他会询问工作经历中的收获和做出的成果，一方面要有兼职、实习的工作经历，另一方面针对工作经历先提前组织语言做好准备。

论文：面试的老师曾多次提到毕业论文，让应聘者详细解释论文的出发点和所得出的结果。

专业知识：如果要应聘技术类的岗位，专业知识能力一定要足够牢靠，需要大学期间拒绝诱惑，付出努力好好学习。

2．就业·面试交流

获得面试机会后，要提前了解面试公司背景，所涉及的行业及行业所在的地位和对比的公司。HR会很关注应聘者对公司的

了解程度，进而通过其判断该应聘者的求职意愿度，所以沟通中不断地涉及公司信息会极大地增加 HR 的印象。除此之外，自我介绍也是面试的重要环节，首先自我介绍一定要有特色，大学期间的证书也是加分项，其次面试过程中表达的自信流畅度最需要掌握。

第二学位分享

优秀学生小宋、小岳共同围绕"第二学位"分享了自己的经历。通过此次分享，他们为我们解答了就读第二学位的条件及第二学位的特点。

1. 第二学位需要在第一学位毕业拿到毕业证和学位证后才有资格去读。

2. 第二学位特点：

（1）错过本校王牌专业，且本专业就业难度大，对本专业的工作不感兴趣，第二学位为就读本校王牌专业提供了可能性。

（2）对职场没有了解，能力有所欠缺，没有做好直接就业的准备，攻读第二学位能够成为职场与校园的缓冲区，让你有充足的时间做好心理准备，积累经验、提升能力。

（3）考研失利，继续考还是就业无法抉择，对未来就业方向迷茫，第二学位提供了能够继续在校备考的机会，老师们了解同学的具体情况，能给予同学帮助，同时熟悉的环境更有利于备考。此外攻读第二学位也给同学一个职业缓冲期，可以利用第二学位两年时间寻找和确定自己的职业发展方向。

出国准备分享

E学吧 | 2022届毕业生王校友：认识自我，超越自我

2022届毕业生王校友分享了他从确定出国目标到坚定目标、落实行动的经历，希望对于目前对未来发展方向迷茫或者已经确定目标但不知如何准备的同学起到一定的指导作用。

1. 认识自我，确立目标

大一的新西兰坎特伯雷大学游学经历让我萌生了出国读书的想法，我想去看看外面的世界。对比国内升学、考公和直接就业的利与弊，以及所需要付出的时间与努力后，最终确定了自己出国的目标。

回答"我是谁"这个问题看似简单，实则不易。无论是出国、考研还是直接就业，都需要静下心来思考自我的定位，找到自己的感兴趣之处。保持头脑清醒，切勿随波逐流，以便做出自己喜欢、适合自己的决定。如果当下不能明确自己的目标，建议可以

多方尝试。在学期末的时候，多留意辅导员老师转发的各类寒暑假实习信息，利用假期时间参与实习或社会实践，以便找到自己的目标。切勿临近关口的时候，临时做出选择。

2. 提升自我，多方准备

在确立出国的目标后，我便开始了留学的规划。首先确定留学的国家和地区，并自主查阅了目标院校及专业的录取要求。同时学习上提高均分，提升英语水平；实践中，大一时去了加拿大维多利亚大学参加暑校，并在班级、学院和学校担任职务，积极参与社会实践。

目标确立后的努力是不可缺少的。提升的方向无非两类——学习和实践。一方面，在学习上，较高的均分是学习能力的体现，需要提升自己的绩点和均分，这既适用于出国、找工作，也适用于考研和考公。专业能力的提升也较为重要，例如英语水平以及专业的证书。另一方面，也要在实践中丰富自己，提升软实力。拿出国留学来讲，一般位于QS排名前100的大学，社科类的项目要求均分80分以上，甚至85分以上，部分需要相关的实践经历，需要在文书材料中体现兴趣来源、相关实践实习经历等信息。

另外，建议大家可以多方提早准备，给自己留一个备选方案。例如可以出国与考研一起准备，尽早准备申请材料，考出合格的语言成绩，第一轮申请开放时就递交，安心复习备考国内研究生考试；考研和找工作一起准备，秋招的时候就找到工作，签好三方，避免因后续如考研结果不理想错过秋招及春招，从而加大找工作的难度；找工作和考公一起准备，先找好工作，然后专心准备公务员考试……

3．**超越自我，实现梦想**

在留学申请时，我将自己大学时期的校本科招生处学生助理、院辅导员助理、班助和班级生活组织委员等学生工作经历，社区志愿者、心理疏导志愿者等社会实践经历，两段国外游学经历以及包括社会实践获得的荣誉、校一等奖学金、校优秀毕业生等荣誉奖项写入了个人陈述及简历中，以突出自己的学习、组织及实践能力。这帮助我拿到了伯明翰大学、利兹大学、谢菲尔德大学三所大学两个大方向专业的四个 offer，也让我从 50 名包括美国等海外研究生的面试者中脱颖而出，50 进 1 拿到了上海某美资企业管理培训生的 offer。根据自身的规划和对比专业课程设置后，我最终选择了伯明翰大学的公共管理专业。

案例 4

经济学专业考研备考分享

E 学吧｜2022 届毕业生陆校友：向既定目标，奋勇前进

在竞争日益激烈的社会就业压力下，为了追求更高的知识层次，考研成为主流。但很多学生不知道如何备考。优秀毕业生陆

校友从报考学校和专业的选择、学习思路和方法、考研建议、考研资源推荐四个方面分享了该如何备考。

1. 考研学校和专业的选择

不要一味追求名校，学校和专业的选择要客观评价自身的能力，包括学习能力、专注力。

（1）复试线，一般双非的话基本是过国家线就可以；211院校大多数都是370—380分；985院校是自划线，一般英语单科线都是70分，所以英语不太好的同学要慎重。其他三门基本考经典题型，备考最好形成一套自己的体系。在大致确定了几个目标学校以后，最好能找来近年的专业课真题。

（2）报录比，个人认为参考价值不大，因为很多学校不会给出报录比，相比之下知道同台竞争考研人的基础、努力程度才有意义。

（3）专业和方向，一般理论经济学方向比应用经济学分数低，除确定想做学术不建议填热门专业，公司更注重学校。

（4）初试复试占比，初试占比越高越好，尤其是一些简历上有硬伤的同学，比如大学挂科多、四级没过等。关键要看清楚总分计算方法。

2. 学习思路和方法

（1）做好规划，按照大家普遍认为合理的规划来，每个阶段要完成的任务划分到每一天，再预留几天机动时间，关注自己是否完成预订计划是最重要的，过于关注时长则很容易陷入自我感动。

（2）考研是信息战，要会筛选适合自己的学习课程。

（3）容易犯的错误，数学注重基础，切忌一味刷题，英语词汇书是硬实力，建议用 App 或者单词书，英语和政治只跟一位老师。

3．考研建议

现在国家线几乎是年年涨，考研也越来越困难，这就要求我们备考的时候一定要坐得住，也不用跟别人比进度，按照自己的规划来，能学得完就行。对于本科实习或者比赛经历丰富的同学来说，直接工作也很好，就业与读书做出最合适的选择即可，二者没有好坏之分。希望大家都能在第二年春天收到好消息。

二、求职实训项目，提升育人有效力

上海电力大学朝日之窗生涯工作室求职实训项目主要由就业力 UP 训练营和模拟求职大赛两个模块组成。

模块 1：就业力 UP 训练营

（一）理论依据与工作思路

1．理论依据

大学生是实施创新驱动发展战略和推进大众创业、万众创新的生力军。高校毕业生就业事关经济发展和民生改善大局，关系到大学生的成长成才和家庭的幸福，关乎社会的安全稳定。中共中央、国务院高度重视毕业生就业创业工作，习近平总书记在二十大报告中提出："就业是最基本的民生。强化就业优先政策，健全就业促进机制，促进高质量充分就业。健全就业公共服务体系，完善重点群体就业支持体系，加强困难群体就业兜底帮扶。统筹城乡就业政策体系，破除妨碍劳动力、人才流动的体制和政策弊端，消除影响平等就业的不合理限制和就业歧视，使人人都有通过勤奋劳动实现自身发展的机会。"为了培养适应就业市场的德才兼备全面发展的高素质人才，提高新时代大学生职业软实力，实现高质量充分就业，培养学生职业软实力迫在眉睫。

2．工作思路

目前就业结构化矛盾突出，为了培养适应就业市场的德才兼备全面发展的高素质人才，助力学生实现高质量充分就业，近年来，上海电力大学高度重视大学生的就业创业教育，培养学生的职业核心能力，自 2017 年起每年举办就业力 UP 训练营，力推体验式实践育人新模式。五年来育人成效显著，提升大学生就业竞争力，提高大学生创新创业能力，培养大学生职业核心能力，加强学生求职实训技能的培养，提升学生的沟通能力、团队合作能力、面试实战能力，帮助学生积累一定的求职经验，赢得走进职场的实习体验机会。

（二）实施过程及特色做法

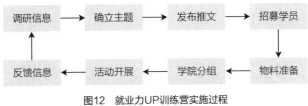

图12　就业力UP训练营实施过程

1. 理论与实践相结合，彰显鲜明品牌特色

将理论教育与实践养成相结合，以就业力提升为导向，加强大学生职业生涯思想政治教育，提升大学生创新创业意识，助力学生职业软实力的提升。上海电力大学朝日之窗生涯工作室就业力 UP 训练营为培养适应就业市场的德才兼备、全面发展的高素质人才，提高新时代大学生职业软实力，实现高质量充分就业而努力。就业力 UP 训练营助力学生树立正确的人生观和职业价值观，激励学员们树立职业目标，坚持心中所念，朝着正确的方向前进，放飞梦想，成就自我。

2. 多方协力齐心共建，深蕴浓厚育人本色

就业力 UP 训练营依托上海高校学生职业（生涯）发展教育示范工作室——朝日之窗生涯工作室来具体实施，通过调研学生需求和职场需求，针对国家对人才的培养要求，精心设置训练营课程体系。课程体系包括交互学习和沉浸提升两大模块，邀请企业高管、电力行业专家、资深 HR、优秀校友到校与青年学子交流。训练营课程由社会化分享课程、校企合作实践、求职模拟、崇德

讲坛、双创思政课、成果展示等部分组成，理论和实践相结合。

就业力 UP 训练营项目导师团队全部由企业高管、电力行业专家、优秀校友组成，通过上海电力大学朝日之窗生涯工作室平台，让在校生和不同职业发展阶段的导师深度交流，分享职场心得，感悟成功体会，指点求职迷津。助力学生合理制定职业生涯规划并具体落实到学习行动上，成为德才兼备全面发展的大学生。

经过近五年的发展，就业力 UP 训练营提升学员多方面能力，从而增强其就业力；开拓学员视野，使他们了解当代人才需求，合理制定职业生涯规划并具体落实到学习行动上以助力个性化发展；学习有效的人际交流和团队沟通技巧。训练营还推动校企联合培训学生，使其更与当今市场的人才需求相匹配，并以实践提升项目团队教师的综合能力，帮助项目教师团队专业化方向发展。

3. 系统化实践共推进，融合促就业帮扶

2017—2021 年，就业力 UP 训练营先后带领学员们赴阿里巴巴创新中心、中国（上海）创业者公共实训基地、长阳创谷、杨浦区就业促进中心、临港创业工坊等游学，近距离地了解创新型企业发展对于能力的需求、职业价值观的重要性、国家创业扶持政策，进一步培养学生创新创业意识。组织"双创青春梦，造就新时代"论坛，搭建平台让学员们走近创业榜样，多位嘉宾 TED 演讲，剖析"创"的深层内涵，"双创"思政课，激荡新思路。

训练营专门设计制作了相关的培训手册、服装、学员证等，以增强学员的团队意识，通过团训活动，加强团队建设。训练营还设计了项目设计意见反馈表，主要包括师生满意度、参与度、受教育效果，难点重点问题解决情况，家长、媒体、同行评价情况，项目所获荣誉及工作成果等内容，采用五级打分制，以了解课程状况、实践活动效果及工作人员表现等。经过几年的努力，项目总结经验后并在后续活动中改进。另外，训练营学员的组成由个人报名和学院推荐相结合，学院推荐集中在少数民族、家庭经济困难学生上，精准化就业帮扶融入其中，助力困难群体就业。

4. 从学生实际需求出发，凸显育人成效特色

就业力 UP 训练营在实践中密切关注学生实际需求和现实具体情况，育人成效显著。自 2017 年起，工作室举办就业力 UP 训练营，提高大学生的创新创业能力，培养大学生的职业核心能力。2017—2021 年，共有 360 余名学员参加，20 余位老师参与管理，参加训练营的师生都受益匪浅，师生满意度较高。

就业力 UP 训练营优秀学员小张同学说道："参加训练营是能力的培养，更是心灵的享受，讲师们的谆谆教导帮助我们树立正确的人生观和职业价值观，激励我们在今后的人生路和职场中方正做人、实在做事。这四天的学习和实践，让我更加坚定了一个信念：坚持心中所念，朝着正确的方向，放飞梦想，成就自我。"训练营任同学说道："很感谢学校为我们提供这样一个平台，通过这次学习，我对自己的未来规划更加明确，对就业也更有信心。"参加训练营管理工作的老师也说道："无论刮风下雨，训练营的同学上课出勤率都很高，课堂互动都很好，作为一名老师，在企业嘉宾讲座中也学到了很多。"

（三）主要成效和经验

1．主要成效

自 2017 年上海电力大学开办首届就业力 UP 训练营，2018 年申请到上海高校辅导员培育项目，同年就业力 UP 训练营项目辐射到十个学院，目前已举办五届就业力 UP 训练营；2020 年，就业力 UP 训练营辐射到临港五校……就业力 UP 训练营通过理论与实践相结合，提升学员综合能力，从而增强其就业力；开拓学员视野，帮助学员了解当代人才需求；构建校企联合培训模式，解决结构化失业问题。

近几届训练营在开展过程中紧紧围绕学校电力特色，邀请电力高管与学员们分享了从业初心，以电力行业的发展趋势作为切入点，分析未来的机遇与挑战，帮助学员们开阔视野、规划未来。训练营将双创课堂开到长阳创谷，带领学员们走进电力一线，直击杨浦就促一线，探索临港新片区……校政社合力育人，激励同学们积极投入临港新片区的建设。

截至目前，参加训练营的同学已有 5 人开始独立创业，32 名同学 2022 年在疫情下高质量就业。上海电力大学朝日之窗生涯工作室就业力 UP 训练营被青年报、光明网、北极电力新闻网、杨浦电视台、看看新闻、上海教育新闻网报道，活动有较大的影响力。

2．经验总结

（1）始终围绕实践育人，生涯规划理论融于学生具体实践

就业力 UP 训练营在开展过程中，始终以育人为宗旨，牢牢把握立德树人这一根本任务，发现并把握学生实际需求。学校在就业力 UP 训练营活动开展过程中，将职业核心能力的培养向低年级前移，助力学生了解国家对人才培养的需求和人才市场需求，合理制定目标，充实度过大学生活，为进入社会做好准备；在具体实施上注重动静结合，理论指导和实践培训相结合，增加学生亲身体验、模拟实战的培训内容，跟踪反馈。每个单元结束后，了解学生的培训反馈，及时对下一单元的培训方案进行调整，每届训练营结束后召开研讨会，了解学生和老师对整个培训方案的建议，以学生的需求为出发点，对下一届训练营方案进行改革和创新。

（2）逐步建立完善职业生涯体系，高校育人品牌化建设实施

面对学校向应用技术型大学转型，解决就业结构化矛盾突出问题，培养德才兼备、全面发展的大学生等现实需求，就业力 UP 训练营实践项目围绕着建设目标，构建了全程全员全方位的职业生涯规划工作体系，丰富就业力 UP 训练营的内涵，拓展就业力 UP 训练营的实践基地，创立以就业力提升为导向的职业生涯思政的育人品牌，训练营成果不断转化推广。

从大一到大四，学校贯通以职业规划和职业能力发展为主

线的生涯指导过程，构建以咨询和信息为中心内容的生涯指导模式；依托上海高校示范工作室——朝日之窗生涯工作室调研学生、企业需求，科学设置课程体系和配套的考核措施；注重邀请嘉宾的质量，选择更优秀、更适合的培训师资，课程体系对接职场需求，融入职业价值观、职业核心能力的培养；针对就业力UP训练营学员的跟踪调查，开展个体生涯咨询活动助力学生成长成才。

注重就业力UP训练营品牌建设，开展训练营营歌征集等活动，加强团队品牌建设；与邻近高校就业指导中心联动，建立定期交流机制，面向邻近高校学生招募参与就业力UP训练营活动，发挥辐射引领作用，助力更多学生职业核心能力的提升，校政社合力育人，促进学生高质量充分就业，成为社会主义事业合格的建设者和接班人。

案例1

2017年就业力UP训练营

2017年6月，上海电力学院朝日之窗生涯工作室组织开展为期四天的经济与管理学院第一届"就业力UP训练营"。本次活动以"青春似火，超越自我；放飞梦想，成就自我"为主题，依托市级职业发展教育工作室"朝日之窗"，通过"臭皮匠"大学生社合化学习应用平台开展系统的培训，有效提升学生的就业竞争力。活动邀请实战经验丰富的企业高管、行业专家、HR，从事心理学、管理学相关工作的培训师，以及具有积极社会影响力及正能量的卓越人士亲临现场，创造与世界 500 强职场牛人面对面的机会，加强学生就业软实力的培养，提升学生的沟通能力、团队合作能力、面试实战能力。

工作室通过 1 次校企合作实践活动、4 堂社会化学习分享课程、1 次团队合作和成果展示、1 次创业或求职实战模拟，帮助学生积累一定的求职经验，赢得走进职场实习体验的机会。

1."大咖来点播"：领导力 + 有效沟通

工作室邀请欧洲 Bitchain 公司中国区首席代表、香港 Coinpay 公司 CEO 武女士，就她自己的工作经历与大家进行分享。她提出"行动决定成败"的观点，告诉大家要积极行动起来，创造属于自己的未来。

2."拜托了学长"：专注力 + 快速反应

上海电力学院毕业后成功创业的胡学长主要从四方面展开课程。

梦想——创业的缘起：执着的追梦人，缘起小时候的梦想，缘起对自身的错误认识；艰辛——创业的过程：找方向，订计划，真实践，快转型；蜕变——创业的转折：澳门经验的上海实践；感恩——创业的总结：一定要有清晰、明确、具体、可执行、可量化的目标。

3.“向往的简历”：适应力＋生涯规划

工作室组织了两场讲座，平安产险电销事业部区域经理、上海电力学院经管学院优秀校友韦先生和曾在政府机关、新闻媒体、外资银行、世界500强制造业、管理咨询等行业中担任中高层管理职位的侯女士，他们与同学们交流了职场面试礼仪以及制定职业规划需要注意的问题。

4. 企业参观

工作室带领同学们前往张江基地阿里巴巴创新中心参观知名企业，不仅为学生搭建了一个良好的学习平台，加强了学生对理论知识与工作实践相结合的重要性的认识，更增进了学校与企业之间的沟通与交流，对学校应用型、综合型人才的培养起到了积极的促进作用。

5. 职场简历制作

悉尼大学硕士、上海赢维思拓人力资源有限公司联合创始人张女士指出：出彩的简历必须要有 Unique Selling Points，同时有选择地讲真话，最后能达到塑造“印象”的目的。

6. 终极面试

经过三天的学习，工作室邀请6位HR，分别对“阿里巴巴采购专员”“华为新媒体专员”“欧洲比特币公司公管专员”三种职位设定进行模拟面试。学员在一对一面试、群体面试、无领导小组面试等面试实战中，体会到了面试形式的多样性和职场面试带来的压力，并发现自身存在的不足。

2018年就业力UP训练营

为了更好地提升学生的就业竞争力，培养学生职业核心能力，认识自我，指导学生正确定位未来职业方向、提升就业和职场竞争力，工作室特举办就业力UP训练营，面向全校学生招募学员，以加强学生就业软实力，提升学生的沟通能力、团队合作能力、面试实战能力。2018年就业力UP训练营拥有完善的课程体系，包括6堂社会化学习分享课程，1次求职实战模拟，2次团队合作和成果展示，1次校企合作实践活动。邀请职业实战经验丰富的企业高管、行业专家、HR，从事心理学、管理学相关工作的培训师开展专题职场讲座，积极努力创造与职场牛人面对面的机会，帮助学生积累一定的求职经验，赢得走进职场实习体验的机会。

活动内容分为应聘技巧提升、就业素质提升两大模块。

应聘技巧提升模块包括职业生涯指导、核心素质培养、面试心理解读、个人形象管理、简历制作技巧；就业素质提升模块包括面试辅导模拟、崇德讲坛等。

本次活动希望通过理论和实践相结合，提升学员多方面能力，从而增强其就业力；开阔学员视野，了解当代人才需求，合理制定职业生涯规划；帮助学员个性化发展，学习有效的人际交流和团队沟通；校企联合培训学生，使其更与当今市场的人才要求相匹配。

1. 团训

在团训部分，我们的目的在于增强学员的自我认知，提高学员的环境适应能力，助力发展良好的人际关系，促进团队凝聚力和战斗力。我们通过热身活动、分组活动、户外活动促进学员之间的相互了解，增强了团队凝聚力，充分展示了学员的青春活力与风采。

2. 青春万花筒，名师助我行——规划力＋职业生涯指导

在第一堂课中，上海二级心理咨询师、杨浦区十佳青年就业启航导师、DISC认证导师孙女士结合自己初入职场及更换多个工作的经历，分享了职业生涯四个原则。接下来她从宏观角度讲解未来工作趋势：务必理解、参与、运用互联网相关知识与行业；进入AI淘汰不了的高新领域或者"帮助"AI淘汰体力活；掌握生涯规划技能，自我设计人生，应对风险。

3. 神奇魔方，补短扬长——执行力＋核心素质培养

在第二堂课中，上海电力学院优秀校友、中国首个大学生社会化学习平台——"臭皮匠"的创办者胡先生以"魔方"来定义我们现在的"择业备战阶段"，并且由此延伸出四大核心内容：第一，从行业和职位来观察企业需求。第二，根据能力和状态来明确自我定位。强调自我定位时要结合自身能力和当下状态。阐明

自我定位时要将自身价值点、定位点和立足点作为核心要素。第三，讲述了就业力魔方的内容与组合。第四，如何构建自我的就业力魔方？以准备期、实践期、成熟期三个阶段系统解释了如何全方位地构建自己的就业力魔方。

4. 反向透视镜，提高就业力——观察力＋面试心理解读

在第三堂课中，东方文广89.9频道特邀心理专家、中国福利会心灵花园项目成员，同时担任咨询公司企业团体及EAP咨询顾问的宋女士就"如何在群面中脱颖而出"问题提出观点，合理运用霍兰德职业兴趣量表、职业锚／职业价值观测试、MBTI心理类型测试等工具更好地认识自己的优势和劣势。

5. 快速易容术，提升表现力——表现力＋个人形象管理

在第四堂课中，ICF国际教练联合会会员、智慧云领导力发展机构副总裁、认证职业规划师Melody Wang，结合自己的经验和理解，帮助学员们更好地认清自己、挖掘个人优势，学习提升表现力和个人形象管理的方法。

6. 一方简历，尽显神奇——竞争力＋简历制作技巧

在第五堂课中，悉尼大学硕士、上海赢维思拓人力资源有限公司联合创始人张女士为我们的学员开课。这次讲座，学员们更清晰地了解到就业中竞争力的重要性，并且学会了该如何制作一份吸人眼球的简历，避开简历制作中的一些雷区，为成功踏入职场创造良好开端。

2020年上海电力大学——临港五校"就业力UP训练营"

为了进一步提升学生的就业能力，提高学生创新创业能力，培养学生核心就业能力，2020年11月到12月组织开展上海电力大学—临港五校"就业力UP训练营"，以提升学生的生涯规划能力、面试实战能力、团队协作能力，帮助学生积累一定的求职经验，赢得走进职场实习体验机会。本次活动面向临港五校学生（上海电力大学、上海海事大学、上海海洋大学、上海电机学院、上海建桥学院）。

本次就业训练营的活动内容分为两大模块，即价值思维提升模块和就业能力提升模块。

价值思维提升模块包括价值思维管理方式、国际化视野开阔、设计思维创新。就业能力提升模块包括职业决策培养、模拟面试辅导、团队协作培养、职业规划指导。

本次活动希望通过理论与实践相结合，提升学员多方面能力，从而增强其就业力；开阔学员的视野，了解当代人才需求，合理制定职业生涯规划；帮助学员个性化发展，学习有效的人际交流和团队沟通；校企联合培养学生，使其更与当今市场的人才要求相匹配。

1."电海桥"—— 一场奇特的团训之旅

本次团训由北欧创新中心项目总监、合乙科技 CEO 胡老师主持。在团训正式开始前，胡老师提出，此次团训最重要的是帮助学员"破冰"，既是帮助学员们更好地熟悉彼此，也是帮助学员们更快地进入自己的角色。

本次团训活动以"电海桥"为主题，其中"电"代表的是上海电力大学、上海电机学院，"海"代表的是上海海洋大学、上海海事大学，而"桥"则代表上海建桥学院。团训过程中，学员们通过自我介绍、抛出话题等方式，迅速认识、熟悉彼此，通过"心灵触电"环节，迅速提升彼此熟悉度；在"入海寻宝"环节，通过寻找行业、领域的标杆，锻炼学员行业定位、分析等能力及正确的三观理念。

2. 向上向善 UP UP

2020 年 11 月 21 日，上海电力大学—临港五校 2020 年就业力 UP 训练营学员与职培通培训平台联合创始人朱老师齐聚一堂，开启了一场职场挑战。朱老师在课程中以"求职能力"为主题，通过讲述求职案例，点明职业生涯目标清晰化的重要性与求职中自我介绍技巧的必要性。

此外，活动还邀请学员实践参与，通过实践，学员们初步建立了职业规划能力，并学会了突出重点的自我介绍方法。之后，朱老师以 WEC 世界汽车耐力赛中最佳志愿者案例及飞利浦测试专员的咖啡师计划为范例，向学员们阐述了当代大学生在求职生涯中，提前准备好自己职场工具的必要性。希望通过训练营的学习，学员们在职业规划的道路上可以提前准备、稳扎稳打。

3．职场先锋

为帮助临港五校大学生明确自己的目标，对自己的未来职场之路有着进一步的认知，2020 年 11 月 21 日，工作室邀请太平洋财产保险股份有限公司规划资深经理胡老师向大家分享了他的一些职场经验。随着人工智能科技的不断发展，以及 985、211 名校出身的学生群体数量的不断扩大，当下就业难的形势越发严重。面对这种形势，我们在不断提升自己的学历与能力的同时，应本着求同存异的基本原则，为自己创造更多的就业机会，按照行业价值链进行择业，寻找最有成长可能的企业。

4．上海高度

2020 年 11 月 27 日，复旦大学管理学院高级管理人员发展中心原教学总监谈老师与学员们共同开展了以"创新创业"为主题的探讨。首先，谈老师以"人的一生"入题，引发同学们积极互动。其次，谈及战略规划，谈老师分别从企业角度和社会角度两方面来解释，并且比较了能力与资源的竞争优势，通过对执行力和领导力的描述，点明地位、资源、能力、目标、路径这五点对于执行力和领导力的重要性。

本次活动为学员们带来了一个和企业精英面对面接触的机会，引导学员们树立正确的就业创业意识，调整好心态，全面理性地进行自我定位，认清社会发展趋势，把握就业创业机会；全面提高个人职业素质和实操能力，提高就业竞争力，为进入就业创业实践环节打好基础。

5．走进职场

本次活动请到了北欧创新中心项目总监、合乙科技 CEO 胡先生，联想研究院首席架构师、增强现实解决方案专家周先生，北欧创新中心执行主任、世界青年科学家峰会秘书处执行秘书长武先生，上海赢维思拓人力资源有限公司张女士，南京牛优人力资源有限公司总经理王先生，职培通培训平台联合创始人朱先生，用正式的面试模式给予同学们最真实的体验，让他们身临其境感受面试的激烈竞争与精彩，对求职面试有更多深入的认知与理解。

本次就业力 UP 训练营通过简历制作、面试模拟、职场体验等求职训练，帮学生转变就业观念、准确求职定位、强化实操技能、了解岗位需求，提升求职软实力和职场硬实力，从而缩短未来职场适应期，提升职业竞争力。

模块 2：大学生模拟求职大赛

（一）理论依据与工作思路

1．理论依据

为贯彻落实教育部相关文件精神，进一步推动高校毕业生就业工作的深入开展，建立和完善就业创业服务体系建设，面向高校、社会广泛传播大学生职业生涯发展理念，搭建企业与学生交流的平台，借助企业资源推进生涯教育已经刻不容缓。促进大学生对当前职业世界的认知和把握，引导大学生尽早做好职业准备与职业定位，提升职业素养，增强毕业生的就业竞争力与就业满意度是当前高校促进自我发展和增强社会效益的重要举措。

2．工作思路

大学生就业问题成为社会面临最严峻的难题之一。为了帮助大学生尽早对自己未来的职业生涯进行规划，有目的地进行求职，高效率地进行职位应聘，让大学生尽快适应作为职业人的社会角色，朝日之窗生涯工作室响应国家文件精神和学校指示，开启大学生模拟求职大赛，因需培养，帮助大学生提高自身求职素质，促进高校毕业生的就业能力。

（二）实施过程及特色做法

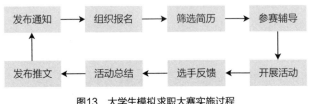

图13 大学生模拟求职大赛实施过程

1．校内外合纵连横，携各方通力合作

大学生模拟求职大赛由校就业指导中心主办，上海电力大学朝日之窗生涯工作室连续10余年承办。上海电力大学大学生模拟求职大赛综合了校内外优质资源，不仅专注于给予参赛选手专业、中肯的点评指导，更倾力全面考察参赛选手的个人表达能力和求职技巧能力，因材施教，按需培养。大赛坚持以赛促学，综合使用一切可利用资源来促进大学生对当前职业世界的认知和把握，

引导大学生尽早做好职业准备、职业定位，并提高职业素养。

2．赛前多重辅导并进，赛后双向沟通反馈

为了帮助首次参赛的选手更好地适应大赛环节和节奏，让参赛选手发挥出自己的真实水平，朝日之窗生涯工作室在大赛正式开始前，通过专题培训等方式组织参赛选手赛前辅导工作。为确保公平性，每次辅导都会统计选手空闲时间，以确保所有选手都能在场接受相同的辅导。此外，朝日之窗生涯工作室在赛后还会积极和参赛选手联系，给予进一步指导的同时，也从参赛选手处获取他们的参赛感受，以方便在今后的大赛中进行改进。

3．全方位模拟真实求职，真情景锻炼学生能力

上海电力大学朝日之窗生涯工作室承办的大学生模拟求职大赛主要包括简历评审、自我简介、无领导小组讨论、情景模拟、自由提问等环节。对应考察参赛选手的简历制作、自我认知与岗位认知水平、职业规划能力、学习能力、思考能力、沟通能力、协调能力、应变能力、抗压能力、仪表行为举止等。面试要求与实际岗位招聘标准做到1：1复原，更具真实性和可靠性。同时，朝日之窗生涯工作室邀请校内外专家共同评审，真情实景磨炼参赛选手的求职能力，给予专业建议与指导。

（三）主要成效和经验

1．主要成效

朝日之窗生涯工作室自承办第一届校模拟求职大赛以来，积

极联系各方资源，给予每一届参赛选手最真实的模拟面试体验。模拟求职大赛不仅增强了参赛选手的协调组织能力、心理承受能力、团队合作精神和社会适应能力，更培养了大学生自立自强的意识、拼搏精神和艰苦奋斗的作风。通过对参赛大学生模拟面试的指导，引导大学生积极转变面试备战思想和面试实战技巧，大大提升了参赛学生的就业能力。通过对参赛选手就业升学状况的回访，我们收获了大量的良性反馈。

2．经验总结

（1）坚持"树人以业，匠心予职"的初衷，一切围绕"实境"出发

开展大学生模拟求职大赛要坚持工作室"树人以业，匠心予职"的出发点和最终目标。始终坚持以人为本，把大学生参赛的真实需求放在工作重心的位置。同时在打造比赛舞台时，要着重注意"实境"一词，将比赛打造成 1∶1 的面试房间，让同学们在真正的面试环境中实战成长。工作室自承办大学生模拟求职大赛以来，坚决贯彻落实教育部相关文件精神，进一步推动高校毕业生就业工作的深入开展，为建立和完善就业创业服务体系建设铺路架桥，联合校内外组织，帮助参赛选手进行细心的赛前指导，提出专业的改进意见，将参与比赛的高校大学生培养成具有就业竞争力的合格职业人。

（2）进一步建立校内外合作机制，打造大学生求职道路的第一座温室

根据教育部统计，2022 年中国高校应届毕业生人数为 1076

万人，2023 年中国高校应届毕业生人数预计比 2022 年增加 100万人，目前就业的总量压力较大。教育培养模式不能与市场需求充分适应，存在一定的结构性矛盾。因此，联合校外企业资源共同实现用人对接成为最优选择。

上海电力大学模拟求职大赛从大赛准备阶段到大赛结束，兄弟高校和企业 HR 都给予了高度关注，在资源共享方面为大赛提供了鼎力支持。简历筛选，由校内就业指导专家通力合作；大赛前期准备，由上海电力大学学生处和朝日之窗生涯工作室合力协办；大赛中，更有校内外专业人士前来协助指导，每一届都打造出了高水平的大赛风格。

随着大赛的不断举办，上海电力大学朝日之窗生涯工作室将进一步整合校内外资源，打造更加高效的校内外合作机制，全力打造在校大学生踏上正式职业生涯第一站前的"就业能力"培养温室，做到以赛代练、以赛代训、以赛促学、以赛促建。

上海电力大学第九届模拟求职大赛

为进一步推动学校毕业生就业工作的深入开展，提高学生求职能力和求职技巧，增强毕业生的就业竞争力与就业满意度，由学校招生就业处主办，上海电力大学朝日之窗生涯工作室承办的上海电力大学第九届模拟求职大赛近日在临港校区经外楼 A305 成功举办。

本次比赛我们有幸邀请到中智上海经济技术合作有限公司、预才网首席营销官管老师，上海赢维思拓公司联合创始人张老师，上海中智国际教育培训中心企业培训中心张江分部主管、上海就业服务专家方老师等五位专家担任此次大赛评委。

上海中智国际教育培训中心企业培训中心张江分部主管、上海就业服务专家方老师，上海赢维思拓公司联合创始人、初赛主审张老师结合自身经验，对参赛选手做了点评。她们希望同学们能通过本次比赛积累经验，锻炼能力，收获成长，积极为 2019 上海市大学生模拟求职大赛做好准备并在大赛中取得优异成绩。

9 位选手在舞台上大放光彩，表现精彩纷呈，决赛现场惊喜不断好评如潮。比赛最后，小戴同学凭借出色的临场应变能力及语言组织能力摘得桂冠。小江同学、小姜同学获得二等奖，小干同学、小马同学、小郑同学获得三等奖，小高同学、小陶同学、小施同学获得"面试达人"称号。其中决赛中获奖的前三名小戴同学、小江同学、小姜同学代表学校参加 2019 年上海市大学生模拟求职大赛。

上海电力大学第十届模拟求职大赛

由学生处主办，上海电力大学朝日之窗生涯工作室和能源电力外高桥第三发电厂职业发展教育校外实践基地承办的上海电力大学第十届模拟求职大赛在临港校区学术楼303室成功举行。

本届模拟求职大赛分为初赛和决赛两大部分，经学生个人报名，专家评委评审，最终11名选手从全校近百人竞争中杀出重围，入围本次决赛，角逐一、二、三等奖。决赛分为"自我介绍""1对1PK""无领导小组讨论"和"情景模拟"四个环节，选手们展现了自己的专业技能、个人风采，他们有条不紊地阐述对问题的见解，充分展示了良好的应变能力和自身竞争力。专家评委对选手们均给予了高度评价。

最终，电信学院小周同学凭借出色的临场应变能力及语言组织能力夺得桂冠。经管学院小周同学、能机学院小王同学获得二等奖，能机学院小周同学、小姚同学，自动化学院小张同学获得三等奖。决赛中获奖的前三名同学将代表学校参加2020年上海市大学生模拟求职大赛决赛。

上海电力大学第十二届模拟求职大赛

为深入学习贯彻党的二十大精神，落实中共中央、国务院关于促进高校毕业生就业的决策部署，多措并举推进毕业生高质量充分就业，由学生处大学生就业指导中心主办、上海电力大学朝日之窗生涯工作室承办的上海电力大学第十二届大学生模拟求职大赛于 2022 年 12 月 2 日 13:30 在临港校区举行。通过同学们初赛报名、校外专家评审，共有 13 名同学进入校内决赛。

选手风采：

小葛同学（环境与化学工程学院材料科学与工程专业）："改革新能源技术，开创绿色低碳时代的新篇章"，做一名新能源企业的工程师。

小黄同学（环境与化学工程学院环境化学专业）："对环保的热忱来自对生命的担忧，愿为可持续发展尽微薄之力"，为碧水蓝天做环境人。

小龚同学（自动化工程学院自动化专业）："自动科技强效率，实干兴业创发展"，做一名推动现代工业发展的自动化工程师。

小周同学［自动化工程学院自动化专业（卓越培养计划）］："筑牢电力自动化发展基坝，开创绿色新时代能源天地"，做一名讲好中国现代化电力故事的卓越工程师。

小仟同学（计算机科学与技术学院网络工程专业）："以人才为根本，以市场为导向，以质量为保证，以服务为宗旨，以人为本，心德为先，海纳百川，精益求精"，成为一名与公司共同发展的产业分析师。

小沈同学（电子与信息工程学院光电信息科学与工程专业）："执着专注，精益求精，一丝不苟，追求卓越"，做一名深入基层，追求极致，薪火接续，传承"中国风范"的民族工匠。

小武同学（电子与信息工程学院电子科学与技术专业）："知识改变人生，科技创造未来"，做一名为中国科技奉献力量的电子工程师。

小高同学（电子与信息工程学院电子科学与技术专业）："求知求新，共创未来"，做一名推动中国电子行业不断发展的硬件工程师。

小沈同学（经济与管理学院信息管理与信息系统专业）："精进编程技术，不断努力"，做一名不断进步、坚持不懈的 Web 前端工程师。

小郭同学（经济与管理学院物流管理专业）："道阻且长，行则将至，行而不辍，未来可期"，做一名将个人奋斗汇入国家发展洪流的物流管理人员。

小徐同学（经济与管理学院经济学专业）："提高企业透明度，加强企业经营管理，促进企业可持续发展"，做一名客观公正、依法办事的会计人。

小吴同学（数理学院应用物理学专业）："薪火相传，诲人不倦"，做一名为国家发展培养人才的人民教师。

小王同学（外国语学院英语专业）："因材施教，中西结合，知行合一，专业热爱"，做一名将文化融入教学，将知识投入实践，为更多学生打开世界大门的英语老师。

三、研习沙龙项目，打造学习思维力

上海电力大学朝日之窗生涯工作室围绕学生职业核心能力提升、职业发展教师团队的养成两方面，创新开展了多项研习沙龙项目。

模块1：面向学生的研习沙龙项目

（一）理论依据与工作思路

1. 理论依据

随着经济社会和高校学生生涯教育事业的蓬勃发展，新时代就业市场对大学生提出了更高的要求，具备良好的职业核心能力也成为大学生提高就业竞争力和软实力的助力器。当前培养适应社会需求的高校学生、促进高校毕业生高质量充分就业、健全职业技能培训制度、夯实高校学生职业核心能力底盘刻不容缓。

2. 工作思路

2022年，全国普通高校毕业生首次突破了1000万人。与此同时，新冠肺炎疫情影响仍在持续，就业形势十分严峻复杂。"切实做好以高校毕业生为重点的青年就业工作"不仅是习近平总书记的殷殷期盼，更是学校和工作室的守正初心。近年来，我们聚焦学生职业核心能力的培养，2020年开辟"研习沙龙"这一全新项目，以沙龙互动模式推进育人工作，助力学生提升职业软实力。主要围绕提升革新创新能力、交流表达能力、解决问题能力、自我提高能力、团队合作能力、职业素养能力等召开研习沙龙，以加强理论学习和实践探索，通过头脑风暴等方式加强职业发展教育团队建设，帮助学生增加求职竞争优势。

（二）实施过程及特色做法

图14　研习沙龙项目实施过程

1. 多方携手共举，线上线下齐聚

研习沙龙作为上海高校学生职业（生涯）发展教育工作室（示范点）——上海电力大学朝日之窗生涯工作室推出的一大特色品牌栏目，携手多方利于学生职业教育和发展的生涯规划导师、学生辅导员老师、职业发展工作室负责人、优秀校友等，并联同杨浦就业促进中心、上海市就业服务专家志愿团等平台与青

年学子沟通交流。

研习沙龙嘉宾团队通过朝日之窗生涯工作室平台搭建的线上线下平台，将嘉宾团队有关促进学生职业发展的经验和建议与高校学生分享交流，从影响上海电力大学到影响辐射临港五校，最终到全国高校，助力学生更加了解职业规划建设路径，有目标地提升自我职业竞争能力，促进学生高质量充分就业。

2．特色朋辈指导，经验润心无声

研习沙龙嘉宾团队人才济济，其中最受学生欢迎的是朋辈嘉宾。经过工作室的调研和活动反馈收集，学生甚至老师们普遍认为，朋辈指导有利于学生更好地接受相关交流建议。面对与自己年纪相仿、在校经历相近的朋辈嘉宾，学生们更能敞开心扉、放下顾忌地进行询问、寻求指导。而朋辈嘉宾往往也更了解学生需求与心态，将建议以诚恳有趣的方式教于学生。上海电力大学朝日之窗生涯工作室坚持朋辈指导特色，致力于寻找利于学生喜爱和接纳的分享路径，帮助学生提升综合素养，增强职业软实力，成长为契合时代要求的就业人才。

3．聚焦实际需求，直击短板要害

2020年全国两会期间，习近平总书记在政协联组会上指出："疫情突如其来，'新就业形态'也是突如其来。对此，我们要顺势而为，让其顺其自然、脱颖而出。"面对就业新形态，就业市场对求职人员的要求也随之变化。朝日之窗生涯工作室立足于就业大环境和学生实际需求，确定研习沙龙活动主题，始终将利于提升学生就业竞争优势作为首要目标。立足于实际需求，如考虑到疫情环境下近几届学生参与活动和实践的机会大大减少，学生的沟通交流等能力影响受限，我们举办"精准表达——提升沟通效率"主题研习沙龙；西部计划成为许多高校学生关注的热点，我们举办了"投身西部建设，青春献给祖国"主题研习沙龙。

（三）主要成效和经验

1．主要成效

为助力学生职业能力的提升和专家型职业发展团队的培育，上海电力大学朝日之窗生涯工作室自 2020 年起开展研习沙龙活动，从工作室独立承办，到联同临港 5 所高校，再到面向全国，协同其他省市高校生涯工作室共同与青年学子交流。一路走来，我们围绕的主题越来越有针对性；从线下承办到线上线下联办，我们发展的路径更加多样化；从本院本校到面向全国，我们参与和面对的人员越来越多。截至目前，参与研习沙龙与我们共同学习探讨的师生已有数千人，杨浦就业促进中心、高校辅导员工作室、上海电力大学朝日之窗生涯工作室微信公众号推送累计 30余期，活动效果得到同学与同人们的一致好评。

2．经验总结

（1）坚守育人底色，始终立足于以学促进，提升学生就业竞争力

开展研习沙龙活动要坚持"以沙龙互动模式推进育人工作，

助力学生提升职业软实力"的出发点和最终目标。始终坚持对标学生实际需求，以生动化、多元化的方式激发学生生涯规划意识，引导大学生树立正确择业观和成才观，提升高校学生职业核心能力。在开展活动中要坚持朋辈指导，实现同龄人交流沟通；坚持把专家"请进来"，指导学生成长，推动育人工作建设；尽早唤醒学生生涯规划意识，注重提升职业软实力，在学习中思考与进步，为将来步入职场奠定基础。每期研习沙龙举办后要及时调研和收集反馈信息，寻找活动改进之处，了解学生需求，推动活动精细化、专业化发展，为下一期活动顺利开展铺路架桥。

(2) 一体化思考活动目标，开展精准化、个性化、高质量的学生生涯教育指导服务活动

"立德树人培育英才，融入大局服务发展"。就业是最大的民生，我们着眼于高校生涯育人工作、提高学生职业素养和就业竞争力，不仅是顺应教育发展趋势，更是致力于推进个人融入国家发展潮流，实现个人与社会价值双赢之举。开展研习沙龙活动应从提升学生职业软实力和工作室建设总体目标出发，牢牢把握核心要点，使研习沙龙活动始终为整体服务。不断创新大学生职业生涯发展教育方式方法，提升工作水平和服务能力，打造专业化嘉宾团队，推动开展精准化、个性化、高质量的学生生涯教育指导服务活动，提高大学生职业核心能力，最终达到帮助学生强化自我认知与专业认知、制定准确的发展目标、夯实就业求职理论基础、提高自身综合能力的效果，帮助高校学生尽快适应岗位和

环境的变化，成为真正的应用型、创新型、技能型人才，成为社会需要的合格人才。

"创新·创业·创未来"研习沙龙

创新是引领发展的第一动力，也是建设现代化经济体系的战略支撑。为提高在校大学生群体对创新创业的理解，启发创新思维和创新动力，上海电力大学朝日之窗生涯工作室于 2022 年 3 月 27 日，面向全校师生开展了线上主题研习沙龙"创新、创业、创未来"暨经管学院新生入学教育活动。

本次研习沙龙分为主题分享和圆桌论坛两部分。邀请的嘉宾有上海电力大学经济与管理学院副教授、C&G 国际培训师、全国核心能力认证创新创业指导师容老师；上海电力大学团委副书记、讲师，曾获上海市五四青年奖章，上海市暑期社会实践优秀指导教师徐老师；上海电力大学 2020 届毕业生、中国新型建材设计研究院纪委办公室兼党群干事靳校友；上海电力大学 2022 届毕业生、曾在各类科创竞赛中获得国家级奖项的王校友。

1. 主题分享

容老师认为，创新创业的经历包括"好奇与兴趣""热情与执着""信心与坚持"和"感动与感悟"四部分；她结合自身指导经历，解答了"哪有创业灵感""项目有何收获""如何度过挫折"等问题；强调并寄语同学们："'得到尊重、得到敬佩、得到喝彩、得到帮助'是创新实践的最大收获。""大学生要充分铭记'勇攀巅峰，我敢闯、我会创'的创新创业精神，在各类比赛活动中力争佳绩。"

徐老师从自身实践经历归纳出：创新即是在现有的基础上再往前进行跨越，实现形式上、功能上、成效上的升级；创新能力的养成需要大学生们培养"用户思维""流量思维""快速反应思维""极致思维"和"数据思维"；在摸清对象、找准风口后及时准确地进行市场调研，同时追求产品的细节才能完成一个会让用户尖叫的创新产品或活动。

靳校友认为，在校大学生要勇于创新；并列举了一些本科阶段在校大学生能够接触到的创新创业竞赛信息。靳校友结合自身创新创业竞赛和目前工作的经历，将创新创业实践过程中遇到的困难总结为"在求真中大胆质疑""在求是中不惧失败""在求深中互助协作""在求新中稳守底线"四句话；鼓励目前的在校大学生体验创新创业的辛劳，去明白知识的重量和分量，在创新创业的实践过程中展翅高飞，实现自我及突破自我。

王校友根据自身经历，详细介绍了参加项目的流程；分析得出"较低的试错成本及学校的优质平台"是大学生参加创新创业竞赛的原因和优势；讲解参加竞赛遇到问题的主要解决方法；并为准备参加2022年创新创业竞赛的同学解答了一些有关资金、场地及时间安排方面的顾虑。

2．**圆桌论坛**

四位嘉宾对观众提出的"创新创业大赛"问题与"竞争力提升"问题进行了解答。

此次活动让聆听的同学们收获颇丰，对创新创业项目有了崭新的认识和理解。嘉宾的答疑解惑，给同学们为即将到来的创新创业大赛提供了更多的灵感和思考。

"能力与发展共舞，创新与时代齐飞"研习沙龙

为了提高在校大学生对创新能力的理解，学会创新思维的运用和了解创新与实践的关系，2021 年 11 月 2 日，上海电力大学朝日之窗生涯工作室面向上海电力大学与其他高校学生开展研习沙龙——"能力与发展共舞，创新与时代齐飞"暨经管新生入学教育活动。

本次沙龙分为主题分享和圆桌论坛两大部分。嘉宾有：江西理工大学资环学院党委副书记，在读博士，教育部思想政治工作中青年骨干人才，江西省高校辅导员名师工作室主持人，曾获全国高校辅导员年度人物提名的饶老师；杨浦就促（人才）中心职业指导师、杨浦首席后备职业指导师团队骨干成员朱女士；上海

电力大学经管学院教师、管理科学与工程系副主任，多次担任学生创新创业大赛指导老师的李老师；上海电力大学 2020 届毕业生，上海华虹（集团）有限公司党委办公室党群干事，上海市优秀毕业生，曾荣获全国大学生科创比赛国家级三等奖的任校友。

1．主题分享

李老师："专业课教学中学生创新能力培养"

李老师以参加教改的经历介绍了自己探索出来的模式：基于电子商务课程群的互联网创新创业人才培养模式和"课赛结合"创新人才模式。这些模式的优点是，同学们的创新实践热情被点燃，更多同学主动走向田间，关心农村农业，主动走向社会，发现问题解决问题，成功让同学锻炼了实践能力。李老师希望同学们能让创新成为一种习惯，也要敢于创新，敢于试错，逐步找到更好的自己。

任校友："通过参加比赛来提高创新能力"

任校友提出，大学生可以通过参加比赛来提高自己的创新能力，最具代表性的就是中国"互联网＋"大学生创新创业大赛。她以"ofo 小黄车和哈啰出行"做对比，分析了创新创业需要团队、人脉、资金、规划、执行和时与势，以自身经历和所面对的问题分析了创业的 need 和 want，提出创新创业难在于落地，需要不断地实践和持续。最后，任校友希望大家在大学要打开眼界，做更准确的选择。

朱女士："创新力——创新思维的运用"

朱女士提出，思维快走出路，创新才有出路。她以喜茶跨界联名等实例讲解了"什么是创新思维，什么是创造力"，指出限制我们创新思维的四个因素分别是书本心理、经验心理、权威心理和从众心理，并提出了培养创新思维的五个方法——"求异"思维、反向思维、发散性思维、运用联想和宏观看待。

饶老师："原来大学可以这样读"

饶老师通过生活实例提出"大学生应该找到自己的目标和确保自己能收获什么"；他分享了学习、生活和职业三方面的建议，比如学习注意事项、最有用证书、常识礼仪、大学四年任务等。

2．圆桌论坛

各位嘉宾围绕"寻找创新创业的着力点"进行解答。

李老师提出应该多去参加比赛，挖掘生活中需要解决但没被他人解决的问题；任校友建议多去听现场答辩和比赛，多学习别人是如何做的，再一步一步实现自己的想法；饶老师则根据年级提出建议：大一新生多参与学长学姐们的项目，熟悉流程；大二则跟老师带领的团队；大三可以去听各种讲座，参加比赛，模仿他人。

本次活动使在校大学生充分认识了创新能力与创业，也让同学们认识到大学四年认真读书的重要性，开阔了同学创新创业的视野，使他们对创业有了更深层次的了解，使同学们今后的发展有更多的可能。

案例 3

"精准表达——提升沟通效率"

为提高在校大学生的就业综合能力，丰富同学们的业余生活，培养与人交流的能力，上海电力大学朝日之窗生涯工作室于 2021 年 10 月 26 日开展研习沙龙——"精准表达，提升沟通效率"暨经管学院新生入学教育活动。

本次"与人交流能力"研习沙龙分为主题分享和圆桌论坛两部分。邀请的嘉宾有：上海海洋大学生涯教育教研室教师、上海辅导员年度人物、上海育才奖获得者、全球职业规划师、国际就业胜任力教练刘老师；上海电力大学能源与机械学院团委书记、辅导员周老师；文物与博物馆学硕士、现担任经济与管理学院研究生辅导员、工商管理系学生党支部书记王老师；2018 级本科生、中共预备党员，曾任院"经英"校友汇主任、团务部部长、校主持人等职务，曾获各类荣誉 30 余项的优秀学生周校友。

1．主题分享

刘老师："大学生人际关系与沟通技巧"

刘老师提到人际关系与沟通技巧两方面在职场上的重要性与关联性，即"先有沟通技巧，然后才有人际关系"。他借用著名心理学家弗洛伊德的精神分析法"本我、自我与超我"，提出以诚待人、言而有信和适当保持距离三个处理好人际关系的原则，以及自珍自爱与平等待人两个建立人际关系的基础；他还分享了眼神交流、换位思考、回避忌讳、赞美尊重等多种沟通艺术。

周老师："掌握'金字塔'原理，让你的表达逻辑清晰"

周老师用引例构架了以逻辑表达为重点，通过结论先行，以上统下，归类清晰，排序逻辑，不说废话五大原则为基点的交流金字塔；随后，通过社会化的多重例子分析，使同学们加深对逻辑表达重要性的理解；提出"精通的目的在于应用"，希望同学们要形成自己独特的沟通方式。

周校友："有效沟通是永不过时的艺术"

周校友提出"上大学后与哪些人打交道，如何打交道"等问题，并引出"量、质、实"三大有效沟通标准，以及"简化语言、抑制情绪、运用反馈、积极倾听"的十六字原则；并以参加模拟求职大赛为例，强调了对人不对事和理解、复盘、整理等沟通技巧的重要性。只要掌握好了沟通的艺术，每个人都会找到属于自己的校园蜕变。

王老师："有效沟通，事半功倍"

王老师分析线上沟通和线下沟通两种方式，指出线上沟通的三大优势，并引例指出逻辑混乱、过于情绪化、不会倾听的无效沟通形式不可取。王老师还就"如何进行有效沟通"提出四个建议：说出你的观察、表达你的感受、说出你的需要、正确且直接地表达你的请求。

2．圆桌论坛

各位嘉宾围绕"如何提高与人交流能力"，回答了"针对不同身份的人，如何把握分寸、有效沟通"的问题。

周校友根据自己"对人不对事"的沟通技巧展开思考。周老师从理工科角度提供四步法方案，即数据获取、换位思考、切准需求、精准攻击。刘老师从文科的供需角度提出自己的观点，即把握自己与他人的位置，知己知彼，就能掌握好分寸。王老师则认为，处于不同角色，与不同人沟通，皆需要不同的方式方法。之后，在回答线上同学"如何克服'社恐'"问题时，刘先生将自己的解决方案形象地概述为"怕啥就让干啥"，以达到自我提升的目的。周校友在解答线上同学"在线下如何表达自己的友善"问题时，提出了"保持本色，展现特色"的观点。

马克思曾经说过：人是各种社会关系的总和。每个人都不是孤立存在的，他必定存在于各种社会关系之中，如何理顺这些关系，如何提高生活质量就涉及社交能力的问题，而其中良好的与人交流能力就扮演着重要的角色。本次活动使在校大学生充分认识到了沟通的重要性，并对人际关系与沟通技巧二者关系有了更深层次的理解，掌握了优秀的沟通技巧，提高了与人有效沟通的成功率。同时，也让同学们学会了在职场上如何与上级和同事处理好关系，运用观察、思考等方式来理解他人，在日常生活中建立起良好的人际关系。

"高效思维——直面问题的本质"

为提高在校大学生自主解决问题的能力，开阔大学生解决问题的视野，培养职业规划与就业综合能力，上海电力大学朝日之窗生涯工作室面向上海电力大学学生与上海市其他高校学生展开研习沙龙"高效思维——直面问题的本质"。

上海海事大学文理学院党委副书记陈老师，上海电力大学辅导员陈老师，2021届毕业生徐校友，在校生肖同学作为嘉宾参会。

首先陈老师从部分同学学习工作生活中存有问题的调查和自身学习经历角度出发，提出了问题存在的必然性与人类的进步性。随后陈老师详细介绍了适应性、发展性及健康三类问题的存在形式与陈氏"脚盆"曲线理论——人生曲线上的低谷不可避免，重要的是通过量变达成质变突破低谷——突出了合理的生涯规划和及时调节情绪的重要性。

上电陈老师就生涯规划彩虹图提出：在面对复杂问题时，大学生应提高从不同角度解决问题的能力。随后她通过分析自己的学习经历和社会真实案例，提出拆解问题、合并问题，以及打破常规逆向思考的问题解决思路及运用。最后陈老师表示，当代大学生需要培养解决在实践中遇到问题的逻辑思路，不断学习，终生充电。陈老师提出，面对问题不能望而却步，要积极去面对，找出问题的本质，直击问题所在，才能高效地解决问题。

徐校友分析了当前的工作形势，表示当下毕业生就业难度变大。随后徐校友根据自己面试求职的经历，总结出"一早二动三尝试"的求职经验：早了解、早尝试；动起来向老师亲友寻求帮助；尽量多去尝试自己不熟悉的事情，多积累实习经验。最后徐校友分享自己求职面试的经验，介绍了 STAR 面试原则，并提出三点就职建议：不要多次跳槽；要有自己的判断，精准跳槽；要看准职业的晋升方向。

在圆桌论坛中，同学们就自己日常生活及学习当中所遇到的问题，向嘉宾寻求解决办法，并得到了自己想要的答案。

沙龙的成功展开，为正值迷茫期的同学点亮了一盏明灯，让同学们能在自己的学习生活道路上如履平地。

无论是数字应用还是解决问题，每个方面的研习沙龙，出发点都是一致的，就是希望能够为同学们带来更多的便利、更多的技能，能在接触大学学习工作生活的时候更加轻松，在以后面对就业难题时能从容面对。

案例 5

"聚焦发展——自我能力提升的秘笈"

"最具挑战性的挑战莫过于提升自我"，正确认识自我、努力提升自我是个人成长发展的加速器，当代青年只有不断提升自我，才能不被时代的浪潮冲走。为促进大学生正确认识自我，加强自身能力建设，2022 年 10 月 28 日，由上海电力大学朝日之窗生涯工作室主办，思源传统文化工作室和"大工匠—小雷达"学生骨干培育工作室承办的"聚焦发展——自我能力提升的秘笈"主题研习沙龙与大家云端相见，270 余位学员参加了这场精彩丰富的经验分享会，共同学习自我提升的秘笈。

本期研习沙龙分为主题分享和圆桌论坛两个部分。邀请的嘉宾有：上海电力大学马克思主义学院高教授；电子与信息工程学院研究生辅导员阮老师；上海电力大学 2022 届毕业生张校友；上海电力大学 2019 级工商管理人力资源方向学生小顾。

1．主题分享

阮老师："提升思维方式，打开人生格局"

阮老师从"格局"的概念出发，引出大学生可以通过深入学习专业知识、向他人学习交流，以及改变思维方式等途径提升自我格局；将本硕博三阶段的毕业论文写作与"做红烧肉"的过程做类比，同时通过形象的圆圈图形，生动地阐释了思维的深度和广度如何得到逐步提升。阮老师还鼓励大家多读书多旅行，读书和旅行可以提高思维的广度和宽度，思维拓宽了，一个人的人生格局便打开了。最后寄语同学们，要放平心态、不被外界所干扰，时刻抓住机遇、创造机遇，在实现自我价值的路上不断拓宽人生格局。

张校友："不积跬步，无以至千里"

张校友认为，充实丰富、合理规划的大学生涯可以为将来的工作与人生打下坚实的基础。在学习方面，要注重全面综合发展，结合自身特点考取专业技能证书。同时作为新时代的大学生，还要夯实思想政治理论基础，激发爱国主义热情；在学生工作方面，学生干部要坚守初心，通过关心服务身边的同学来锻炼自己的能力和实现自我价值的提升；在志愿服务方面，通过点滴爱心为社会为国家做出贡献，服务大型盛会时更要注重中国青年的形象，在抗击疫情中营造积极向上、信心百倍的氛围；在社会实践方面，要敢想敢做，敢于将理论付诸行动，实现社会价值和自我价值的提升。

小顾："奔走于热爱之中，做最酷的自己"

小顾提出了四个小目标和六个感悟。四个小目标：做一名学生、做一次学生干部、拿一次奖学金和成为一名中共党员；六个感悟：要做好未来规划，技能点拉满，成为一名时间管理大师，向前辈取经，提高执行能力，言而有信，做好总结复盘。她从马斯洛需求理论展开，激励同学们在未来规划的路上努力实现自我、相信自我。

高教授："把握大学美好时光，谱写人生绚丽华章"

结合自身丰富的求学和教学经历，启示学生"如何把握大学时光"，高教授提出，建立自我管理能力，养成良好习惯，不要娱乐成瘾，要树立目标定位，时刻追求上进。在大学这个"小社会"中，要处理好人际关系，学会社交和处理矛盾，还要形成正确的消费观、学习观、交友观；要在专注学业的同时，积极参加社团和学生工作，锻炼综合管理能力，培养团队协作意识，不要盲目跟风，在追求人生目标时，只要有耐心，必定会成功。

2．圆桌论坛

各位嘉宾围绕"高效时间管理，创造美好人生"这一主题，就如何在学习、娱乐和工作三者间把握平衡，分享了独到的时间管理经验。

小顾提出自己的观点：首先要言而有信，答应的事情一定要做到，否则就要学会拒绝。其次，可以把事务的 deadline 写下来，有计划地完成。最后，要衡量事务间的轻重缓急及对自我提升的作用程度，尽力而为，取舍有当。阮老师指出：做事要集中精力、排除杂念。此外，大学生一定要树立正确的娱乐观念，正确处理学习与娱乐的关系，珍惜美好时光。高教授认为：要用有限的时间做无限的事情。第一，要养成好习惯，集中利用碎片化时间；第二，要提高工作学习效率，不分心；第三，每天列出任务清单，进行事务和时间的规划。

在本次研习沙龙中，通过几位校友和老师们的经验分享，同学们对如何提升自我能力、如何做好时间管理等问题感触颇深。同学们更体悟到当代青年不仅应该在大学生涯中做好合理安排和规划，为未来人生的发展打下坚实的基础，还应该在提升自我能力发展的过程中，做走在时代前列的奋进者、开拓者、奉献者，谱写新时代青春的绚丽华章。

"投身西部建设，青春献给祖国"

青春孕育无限希望，青年创造美好明天。西部正在发展，国家正当建设。为帮助同学们深入了解西部计划，拓宽学生就业路径，2022 年 5 月 14 日，上海电力大学学生处、经济与管理学院朝日之窗生涯工作室面向全校师生开展了"抗疫稳就业，上电在行动""投身西部建设，青春献给祖国"——"云端就业直通车"就业服务系列活动云端主题沙龙。

本次研习沙龙分为主题分享和圆桌论坛两部分。邀请的嘉宾有：上海电力大学电子与信息工程学院团委书记、曾担任校团委挂职副书记、其间负责上海电力大学西部计划专项工作的李老师；经济与管理学院 2020 届本科毕业生，2020 年入选西部计划志愿者，现就业于喀什经济开发区的克校友；经济与管理学院 2021 届本科毕业生，2021 年入选西部计划志愿者，在共青团贵州省凯里市委员会服务的储校友；电信学院 2021 届本科毕业生，2021 年西部计划志愿者，现服务于贵州黔东南州丹寨县的彭校友。

1．主题分享

李老师："实现中国梦，青春勇担当"

李老师从"什么是西部计划""为什么要选择西部计划""西部计划志愿者的招募"与"西部计划鼓励政策"四方面进行了介绍；

号召同学们："到西部去，到基层去，到祖国和人民最需要的地方去！"他还讲解了学校招募西部计划志愿者的详细流程与鼓励政策，帮助有意向的同学明确就业目标和方向。

克校友："以青春逐梦西部，以热血回馈祖国"

克校友分享了自己从 2020 年起在新疆克拉玛依市乌尔禾区从事基层工作的服务经历，"让青春之花绽放在祖国最需要的地方"。鼓励同学们抓住机会，积极报名西部计划志愿服务，"历经沧桑，初心不改"，到基层为人民建功立业，实现自我价值的提升。

储校友："关于我的西部计划——准备进行时"

储校友分享了备考西部计划的宝贵经验，从校内答辩到市级笔试、面试和心理测试，都有一套清晰完整的备考策略；他还向同学们展示了自己在贵州省凯里市团委的工作经历。"人的一生只有一次青春。现在，青春是用来奋斗的，将来，青春是用来回忆的。"储校友借习近平总书记的寄语鼓励同学们积极参加实践活动，拓宽眼界，领略大千世界的美好，为祖国的建设贡献青春力量。

彭校友："说说我的西部计划"

彭校友认为，面对就业的困难选择，希望同学们作为年轻人不要放弃机会，要发挥自己的优势，不断经历和尝试，最后选择最适合自己的那条道路；面对巨大的工作量要放平心态，通过锻炼提高工作能力便能得心应手；在工作中要勇于创新，抓住提升自我的机会；在选拔考试前要自我演练，面试时要简略得当、大方自信、吐字清晰。

2．圆桌论坛

各位嘉宾围绕"选择西部志愿者，需要做好哪些准备"进行解答。

李老师认为：首先，同学们要有发自内心的家国情怀。其次，面对考试选拔要主动认真，做足准备，提前练习，还要加强心理素质。克校友指出：在面试时，要结合自己的志愿经历和到西部去的规划和理想，要怀有为祖国坚持奉献的初心情怀。储校友分享：报名前要深思熟虑，要有事业心，坚定自己的理想信念。选拔考试前要参加一些培训，自我介绍时要控制时间长度，要中气十足。彭校友提出：首先，要排除"西部条件一定很艰苦"的刻板印象，要抓住提升自我的机会。其次，面试时要自信大方、表达清晰。

在本次研习沙龙中，四位嘉宾围绕"投身西部建设，青春献给祖国"这一主题，分别从自己的角度分享了自己的看法和感悟，让同学们受益匪浅，帮助大家找到青春奋斗的方向。

正如习近平总书记在庆祝中国共青团成立 100 周年大会上指出，广大青年"担当使命任务，到新时代新天地中去施展抱负、建功立业，争当伟大理想的追梦人，争做伟大事业的生力军，让青春在祖国和人民最需要的地方绽放绚丽之花"。

模块 2：面向辅导员的研习沙龙项目

（一）理论依据与工作思路

1．理论依据

大学生是实施创新驱动发展战略和推进大众创业、万众创新的生力军。高校毕业生就业事关经济发展和民生改善大局，关系到大学生的成长成才和家庭的幸福，关乎社会的安全稳定。辅导员作为大学生的引导者，更需要帮助大学生进行职业规划与就业创业指导，为学生提供科学的职业生涯规划和就业指导服务，帮助学生树立正确的就业观念，引导学生到基层、到西部、到祖国最需要的地方建功立业。为此，辅导员需要进行相关的理论和实践研究，努力学习思想政治教育的基本理论和相关学科知识，参加相关学科领域学术交流活动，参与校内外思想政治教育课题或项目研究。

2．工作思路

目前就业结构化矛盾突出，为了培养适应就业市场的德才兼备、全面发展的高素质人才，助力学生高质量充分就业，近年来，工作室高度重视职业发展教育专家型团队的建设，坚持把立德树人作为中心环节，整体规划、统筹安排，不断提高队伍的专业水平和职业能力，保证团队教师工作有条件、干事有平台、待遇有保障、发展有空间。

（二）实施过程及特色做法

将理论教育与实践养成相结合，提升辅导员的影响力，需要在"围绕学生、关照学生、服务学生"上下功夫，提升自身的知识、情感、技能和德行。研习沙龙不仅是工作上的交流，更是一次思想上的碰撞。在研习沙龙里，辅导员可以就各类问题各抒己见，分享案例，进一步提升自己的职业能力，缓解工作压力，力争做一个有温度的辅导员老师。

（三）主要成效和经验

1．主要成效

自 2020 年 8 月朝日之窗生涯工作室开办首届校政社合力育人长效机制研讨研习沙龙以来，已面向全市培育工作室开展"整合资源提升大学生职业软实力研究""职业发展教育专家型辅导员培养路径""高校职业发展教育工作室建设研究"等多场研讨会，全国近千名辅导员参与研习沙龙活动，助力职业发展教育团队的养成。

2．经验

立足学校应用技术型大学，就业结构化矛盾突出，以及培养德才兼备、全面发展的大学生等现实需求，辅导员研习沙龙每期设置一个主题，内容涵盖党团建设、学生资助、就业工作、心理健康、自身成长、科研提升等辅导员工作的方方面面，旨在全方位提升辅导员工作水平与业务能力，扎实推进辅导员队伍专业化、职业化建设，营造辅导员队伍研究工作、交流经验、共享成果的互动互学互助氛围，增进辅导员之间的友谊，促进辅导员的个人成长，培育职业发展教育专家型团队。

研习沙龙：整合资源提升大学生职业软实力研究

为进一步提升大学生职业软实力，助力职业发展教育教师团队的养成，上海电力大学朝日之窗生涯工作室和杨浦区就业促进中心携手举办"整合资源提升大学生职业软实力研究"专题研习沙龙。本次活动通过线上、线下双线进行的方式展开，分为以下几部分。首先进行工作室介绍，随后由嘉宾进行主题演讲，然后进行此次活动的圆桌论坛，最后是提问环节。本次参加活动的嘉宾有杨浦区就促中心首席职业指导师、国家星级职业指导师武老师；上海万科物业城市招聘经理钱经理；上海对外经贸大学创业学院副院长、副教授高老师；福州职业技术学院副教授、华东师范大学访问学者韩老师；上海电力大学经济与管理学院党委副书记周老师；上海电力大学副教授、朝日之窗生涯工作室负责人杨老师。

杨老师首先对朝日之窗生涯工作室进行介绍。朝日之窗生涯工作室创建于 2009 年，经过 11 年的发展，项目逐渐完善、升级，覆盖面不断扩大,受益学生从学校为核心,辐射到了临港五校,在 2017 年立项为上海市职业发展教育工作室。

钱经理从企业角度分享了企业所需人才的一些品质,企业的用人标准已从看成绩提升到了看品行、看综合能力等各个方面。钱经理的分享,有助于参与活动的同学对标自身,补齐短板,获得成长。武老师则从职业指导专家的角度出发,分析了现在大学生就业的重要性,并讨论了在求职过程中的几个典型案例,欢迎更多的老师加入职业和就业指导的过程当中。高老师认为,辅导员要想成为专家型的辅导员,其实还是任重而道远。韩老师从一个职业教育老师的角度分享了如何帮助学生提升软实力。

在接下来的圆桌论坛环节,老师们各抒己见,讨论了学生在求职、辅导员在指导学生求职方面的一些困惑,提出:辅导员要学会资源整合,整合社会的力量、整合企业的力量、整合政府的资源为学生搭建平台,同样,只有辅导员的努力是不够的,学生要看到自己的内需,学会整合自己身边的资源,这样才能够实现职业软实力的提升。

职业发展教育专家型辅导员培养路径主题研习沙龙

由上海电力大学朝日之窗生涯工作室、上海对外经贸大学

"3F—职业志"生涯育人工作室、"思考着的芦苇"网络思政育人工作室联合主办的"职业发展教育专家型辅导员培养路径"主题研习沙龙，在临港校区学术中心305会议室成功举办。上海电力大学经济与管理学院党委副书记周老师、生涯教育智库易米实验室创始人钱老师、上海对外经贸大学创业学院副院长高老师、华东师范大学访问学者韩老师及来自临港五校的十余名老师现场参与沙龙，50余名老师通过哔哩哔哩平台线上参与沙龙。

首先由周老师为研习沙龙致开幕词，介绍了学校辅导员双线晋升的发展路径和学院辅导员培养举措及特色做法，寄语辅导员通过专题培训、研习沙龙等方式不断学习赋能，努力成为专业化、职业化的辅导员。

在嘉宾分享环节，钱老师以"多元化视角与个性化关注——辅导员专业发展的可能性视角"为题，从多个视角展现了辅导员的发展方向及不同发展阶段的应对措施，帮助辅导员们清晰职业定位及未来规划。高老师以"基于工作室协同育人平台的职业发展教育专家型辅导员修为之道"为主题，从自身的辅导员工作室建设经验及特色出发，提出了对示范工作室体系设计及实践的建议，分享了对示范工作室生涯育人的思考及创新的认识。杨老师以"职业发展教育专家型辅导员核心素养提升探析"为主题，从实践角度结合辅导员职称评定要求，分析如何提高核心素养，激励辅导员爱岗敬业，学以致用，用专业成就梦想。

在圆桌论坛环节，嘉宾围绕着学生就业多元化、慢就业及辅导员专业发展方向、科研能力提升等论题现场交流分享经验，探讨职业发展理念，气氛热烈。

本期职业发展教育专家型辅导员培养路径主题研习沙龙内容充实，辅导员们都表示收获颇丰，进一步提高职业生涯规划意识。

四、考察学习之旅，拓宽育人的视野

（一）理论依据与工作思路

1. 理论依据

调查研究是我们党的传家宝。党的十八大以来，以习近平同志为核心的党中央高度重视调查研究工作。习近平总书记指出：调查研究是谋事之基、成事之道，没有调查，就没有发言权，没有调查就没有决策权。工作室注重调查研究工作的开展。

2. 工作思路

他山之石，可以攻玉。通过学生问卷调研、企业调研、校友调研分析以及高校实地考察，课题组关注到，企业需要综合能力强的学生。目前学校应注重通过第一、第二课堂加强学生职业核心能力培养，并且使学生具备自我职业核心能力培养意识。具体来说，从就业能力培养和职业核心能力培养方式两方面，让学生提升自我学习能力、解决问题能力、与人交流能力、职业规划能力和创新能力。

（二）实施过程及特色做法

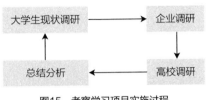

图15　考察学习项目实施过程

　　为了更好地了解高校大学生职业核心能力的培养现状，课题组对上海8所高校的在校生和毕业生开展问卷调研和抽样访谈；采用生涯人物访谈的方式，走访32家不同组织类型的企业和单位，调研企业看重的职业能力及对在校生职业核心能力培养的建议；同时课题组赴上海理工大学、山东大学调研，了解高校学生能力培养方案和特色做法。

（三）主要成效和经验

1．主要成效

　　在对十所高校培养学生职业能力的调研中，通过对各个学校经验的取长补短，借助各类文献资料检索和调研组集体讨论，整理出了一些适用于普通高校对于学生职业能力培养和发展的建议，包括：改革人才培养方案，优化课程体系；加强师资队伍建设，提升教师职业素养；改革和创新教学方法，使职业核心能力培养贯穿整个教学过程；积极创设真实的或仿真的职业情境，让学生尽早进入职业角色；职业核心能力培养融渗第一、第二课堂；建立全方位的校企深度合作的人才培养模式；发挥高校促就业职能部门作用，构建学生"全程化"职业能力培养时间梯度。

2．经验总结

大学生职业生涯与就业指导是一项系统的工程，涉及课程设置、教学师资、教学模式、日常教育、课外活动及学生管理模式等诸多方面。从调研情况来看，很少有学生在校能独立思考自己的职业方向、努力目标、未来出路，缺少职业生涯规划意识，但由于各个年级学生的身心特点、认知水平存在差异，在教学过程中要有针对性，分年级各有侧重点。

在就业教育过程中，可以帮助大学生结合眼下及未来的政策导向，客观地分析就业形势，重新定位自己的就业观，制定适合自己的目标。摒弃之前的地域限制、专业限制等不合理的因素，助力学生优质就业。在学习层面，应设立专门的职业指导机构，培养一批具有专业化水平的职业发展专业教师。学生工作部门应该联合就业指导和教务部门，开展初期和中期的职业发展教育，就业指导部门要结合大学生就业工作，着力开展后期职业发展教育。职业规划专业教师必须精通职业生涯发展理论，具备针对个体、团体的辅导与咨询技能，具备心理测评的知识与技能，了解行业和职业信息，通晓职业道德要素与相关法律知识。

高校调研

调研组主要对清华大学、北京大学、南京大学、浙江大学、吉林大学、复旦大学、上海交通大学、华东理工大学、上海海洋大学、上海对外经济贸易大学十所高校开展线上访谈或线下调研，通过调研发现学生职业能力的培养贯穿十所高校人才培养的全过程，涉及一二三课堂的多环节，各高校对于学生职业能力的培养大体上可以用"3+1"（一二三课堂环节＋校园职能部门举措）的模型来概括，在具体环节上，学生职业能力培养各有侧重。

1. 第一课堂

"第一课堂"是与学生在校学习紧密相关的教学环节，该环节是高校学生能力培养的第一阵地，在学生职业能力的培养中居于主要地位。对于第一课堂，大体又可分为课程设计开展（包含生涯规划课）、人才培养及学生考核与能力评估、师资配置及队伍建设、教学方式方法、课程实训实验和校园政策。

2. 第二课堂

"第二课堂"是第一课堂的重要补充，更是高校育人的重要扩展平台。这里调研组将第二课堂定义为与校园密切相关的课外活动平台，第二课堂大体包括社团活动、参观实践、志愿活动、科创竞赛、培训讲座五大部分。本次调研的十所高校关于职业能力培养的经验主要集中在科创实践，以及由参观实践、培训讲座等组成的综合性的职业能力提升项目两大部分。

3．第三课堂

"第三课堂"是学生职业能力培养和实践的大舞台，是学生职业能力培养和提升的关键一环。这里调研组将"第三课堂"定义为学生走出学校、走向企业的探索，第三课堂包括社会实践、校企校院合作、校外实习实践三大部分。本次调研的十所高校大致包括了学生挂职锻炼、特色游学、暑期实践三部分，主要侧重于让学生在实践中去感知和发掘职业能力，找寻自身和团队对于职业能力的看法和跨专业的视野，让学生能够深入或者更广泛了解各类职业所处的环境及能力需求；而校外实习则一般与校企校院合作密不可分，十所高校主要都是重点推进与国内外相关企业合作，通过合作更深入地将产学研相结合，建立不同专业的校外实训基地和实习基地，让学生在具体的环境下，在校内校外"双导师"指导下，真正提升个人技能和职业能力。

4．校园职能部门

校园职能部门对于学生职业能力的培养，区别于前面三个课堂对人才培养的全过程。调研组主要关注到校内就业及学生职业能力发展中心这一关键职能部门，通过这一专业机构来探索各高校如何对学生能力进行培养。

企业走访

为深化产教融合，提高人才培养质量，更好地满足企业对高素质复合型人才的需求，开展职业生涯教育指导工作，朝日之窗生涯工作室积极拓展毕业生就业渠道，搭建校企合作平台，2020年以来，联系并走访了10余家用人单位，积极促进就业市场开拓，推动校企合作。

工作室共走访13家企业，走访企业涉及学校毕业生就业去向的诸多行业，所选择企业发展前景广阔、特色鲜明。其中包括物业行业3家，工程类行业2家，金融行业2家，电力行业1家，房地产行业1家，零售行业1家，物流行业1家，综合类2家，以下为不同行业的综合分析。

1. 物业行业

物业行业总体发展迅速，智能物业成为现阶段物业行业发展的趋势，物业行业业务日趋精细化，涵盖用户生活诸多领域，管理项目也包括与用户生活相关的方方面面。行业总体秉持关注用户生活品质的价值理念，创新物业服务工作，推出围绕用户生活的文化、健康、教娱、居家等诸多创新服务内容。深耕客户资源经营，通过建设各类社区配套经营，为不同需求的客户提供差异化的服务。

2．工程类行业

工程类相关企业项目涵括了市政工程及相关公共建筑，工作性质以项目为主体，工作流动性相对较大，且对专业性要求相对较强，对专业能力要求较高。

3．金融行业

农商行一类的国有性质的银行同国有四大行招聘条件相当，要通过统一的银行招考、笔试面试等环节，对学生的绩点、干部经历、四六级证书、社团活动经历等都比较看重，要求学生具备良好的人际沟通能力和团队合作精神，而金融一类的小微企业，对于学生的硬性条件并没有特别的要求，但看重学生是否具有较强的沟通能力、执行能力、创新能力及共情能力。

4．电力行业

电力行业总体对于人才的要求也比较高，需要相关同学具有扎实的专业能力和实践能力。对电力行业的走访中发现，部分企业用工模式是采用与第三方人力资源公司签约的方式。当毕业生在面临单位有直签机会的时候，第三方用工模式的员工会有优先的机会，对于期望从事电力行业的学生可以重点考虑。

5．房地产行业

在对链家房地产经纪有限公司的走访中，主要了解与大学生相关的房产经纪人岗位。现今房产经纪人角色多样化，包括商圈社区专家、资产管理顾问、房产法律咨询顾问、社区公益者等角色，房产经纪人角色的多样化为大学生提供了更多的就业选择。

6．零售行业

管培生是一些大企业自主培养企业中高层管理人员的人才储备计划。通常是在公司各个不同部门实习，了解整个公司运作流程后，再根据其个人专长安排，最后通常可以胜任部门、分公司负责人。训练对象一般是毕业三年之内的大学生，主要是应届毕业生。①

7．物流行业

现代物流向智能化发展，专业化服务水平和效益不断提升，目前已介入企业生产、销售阶段，并通过整合供应链上下游信息，优化企业各阶段的产销决策。总体来看物流行业的发展前景较好，但物流行业相关工作流动性较强，各类外派岗位较多，对相关应聘人员在体力、脑力上都提出了诸多要求。

8．综合类企业

今年很多国企、央企都增加了招聘应届毕业生的数量，可能把后面一年甚至两年的名额也拿出来了，因此接下来的毕业生就业形势不容乐观。

通过走访，我们了解到很多用人单位都非常愿意与高校进行

---

① 孟增璐．企业"管培生"教练模式在高校学生干部培养中的应用及探索［J］．管理观察，2016（3）：3．

校企合作共建。校企合作是一种注重培养质量，注重在校学习与企业实践，注重学校与企业资源、信息共享的"双赢"模式。校企合作对企业和学校来说都是有益的，今后将会持续注重校企合作的建设和开拓，与合作企业共同为企业吸纳人才及学生实习就业搭建平台，达到相互学习、相互沟通、相互促进，实现校企双赢的目标。

五、个体咨询项目，提高育人专业力

（一）理论依据与工作思路

1. 理论依据

生涯咨询起源于 20 世纪初期帕森斯所开创的职业辅导（vocational guidance）模式。他根据个别差异的观点，采用评量个人能力和性向的心理测评工具及调查与个人有关的职业信息服务，来帮助来访者做职业选择。他的职业辅导模式包含以下三个步骤：自我了解、获得有关职业的知识及整合个人与工作世界的知识。之后理论不断完善，至今已经发展了 100 多年，代表人物有克利茨（J. O. Crites）、布朗（Brown）、布鲁克斯和西尔斯（Brooks and Sears）等。

生涯理论对生涯咨询具有指导作用。霍兰德的生涯类型、舒伯的生涯发展论、克朗伯兹的社会学习论、源自凯利（G. A. Kelly）的个人建构心理学的生涯构建论、明尼苏达工作适应论、认知信息加工论等生涯理论的侧重有所不同。咨询师在面对来访者不同的情况时，都要思考使用什么理论可以为咨询提供最有效的架构。事实上，用有侧重的生涯理论指导生涯咨询，能够更加科学有效地帮助来访者解决目前的问题，提高来访者的自我能力。我们经常说理论用于指导实践，对生涯咨询师而言，学习的首选无疑是经典的生涯理论——这些被实践充分检验过的经典理论可以帮助生涯咨询师构建起扎实的知识基础。但在生涯咨询中，咨询师也需要关注本土特点，在西学中用的过程中，明晰咨询假设的边界，以更加开放和接纳的心态在咨询伦理范围内提供帮助。

2. 工作思路

上海电力大学朝日之窗生涯工作室主要进行高校生涯咨询工作，来访者以大学生为主。大学生的生涯问题类型差异较大，主要有：对自我不了解、对自己的专业不感兴趣、对所学专业与未来发展的关系不清楚、对职场环境不了解、不知如何做决定、对自己的未来感到茫然。这些问题具有如下特点：过于理想化、自主性低、奢求立即效果、抗压力差、重结果甚于过程、挫折容忍度低、过于情绪化、欠缺周全思考。生涯咨询在以大学生为主要来访者时，其目标相应地有所变化。整理学者的看法（Sanduhu & Porrtes, 1995, Herr & Cramer, 1996；金树人，1989；邱美华、董华欣，1997；吴芝仪，2000），归纳出高校生涯咨询的目标有：协助学生选择专业，增进学生自我了解和评估，协助学生了解工作世界，提升学生生涯决策能力，帮助学生进入工作世界。

（二）实施过程及特色做法

上海电力大学通过成立职业咨询师团队，开设线上预约、线下个体生涯咨询与辅导模式，提升人才培养质量，着力构筑学业、就业、职业——"三业"联动育人平台，为学生职业生涯长期发展筑牢基石。

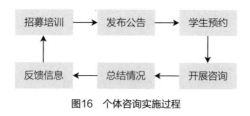

图16　个体咨询实施过程

学校为学生提供三大方向的职业咨询：生涯规划辅导（自我探索、求职定位、职业决策、职业测评）；就业政策咨询（就业形势与政策、就业法规、就业权益保障）；就业指导咨询（简历制作、面试辅导、就业心理调适）。

（三）主要成效和经验

1．主要成效

2009年工作室成立之后即开启个体生活咨询工作，至2021年12月，上海电力大学就业指导中心招募职业咨询师40余人，通过公众号预约的和招聘会现场咨询，为上海电力大学各学院学生累计咨询百余场，学生在咨询后提升了自我能力、增进了自我了解，并在一定程度上能在自己求职就业道路上制订计划。

2．经验总结

(1) 高水平的个体职业咨询师团队的培养

开展个体职业咨询的前提是拥有可靠的个体职业咨询师团队。近年来，由于科学技术的不断进步，经济和其他社会因素不断变化和发展，使得社会分工越来越细，职业结构和职业种类更加繁多复杂，行业间的差异越来越大。再加上媒体的影响及家庭观念等因素，使得当今大学生生涯问题呈现出既多元化又复杂化的特点。与此同时，在校大学生尤其是面临毕业需求引导的大学生数量相对于个体咨询师数量比较庞大，这就要求我们建立建设较高水平的个体职业咨询师团队。为此，在校就业指导中心指导下，朝日之窗生涯工作室经常开展讨论、学习、邀请专家培训，提高个体职业咨询师团队的水平。

(2) 学生预约个体职业咨询的方式

部分大学生需要个体职业咨询，但又不知道通过什么渠道预约个体咨询，并且在疫情反复的背景下，部分同学无法正常返校，这就要求我们拓展学生预约个体职业咨询的方式。我们采用了线上线下预约相结合的方式，很好地解决了以上问题。线上预约操作简单，便于推广，而且能够高效地协调咨询师和来访学生的时间，在特殊时间还可采用线上咨询的方式，避免了时间地点的限制。

（3）生涯咨询成果可视化

个体职业咨询师在完成咨询后，将生涯咨询相关内容填表可视化，便于个体执业咨询师团队研究来访大学生问题的统计和分析、生涯团体成效报告、生涯测评工具的结果和运用、生涯讲座和活动的学生反馈调查等，以此提高个体职业咨询师团队对学校各学院大学生在生涯问题上的认识等，进而提高团队处理复杂案例的能力。

4

第四章

应用型高校生涯工作室
典型工作实证

第一节

"善作善成" | 学员代表篇

一、张啸 "知"与"行"应该永远在路上
目前就读于华东政法大学法律学院

　　参加母校朝日之窗生涯工作室举办的就业力UP训练营已是好几年前的事，但其人其事却依然历历在目。作为第一届训练营的学员，我很荣幸在最后成为优秀学员。犹记得，当时辅导员杨红娜老师在全校招生，我听闻这个消息后兴奋不已，因为高考失利的我正在为以后的前程忧心忡忡，而这个听到名字就让人振奋的训练营着实对我有着莫大的诱惑。

　　当时的经历让我印象比较深刻的除了有校内针对性辅导外，还有校外的外出实践，不难看出组织者是希望我们在懂得就业理论的同时，可以近距离观看别人在岗位上的状态。这次训练营的经历确实让我收获颇多。

　　认知方面

　　传统的行业一般都是实体为主，但是我们参观张江基地的企业却是建立在自媒体之上的，这是我第一次了解自媒体这个行

业，以往知道的最多就是简单地写写推送，属于一种简单的推广，并没有深入去想，也完全没意识到这也是一种灵活的就业方式。恰巧那几年正是自媒体发展的春天，后来大量的自媒体从业者涌入我的视线，从这个层面上来说，这次经历打破了我固有的关于就业的认知。除了这种关于就业方式的认知突破外，我也清晰地认识到自己学历的不足，两年后我毅然决然地放弃了直接就业的想法，这也是我最后选择读华政法学研究生的原因之一。

能力方面

在考入母校之前，我的认知确实是肤浅的，认为学的与"管理"有关的专业，未来就是从事管理岗位。现在看来，这种想法属实有些幼稚，所以入学不久，我就有了就业危机感。当然，这种危机感最强烈的时候，还是在训练营中的模拟面试环节。当时，作为专业优等生的我，自信地报出了自己的成绩和成果，但当老师问我有什么技能时，我支吾了半天，也只说了"我有管理方面的经验"。我当时突然意识到，自己好像真的没有一技之长。这种缺乏技能的危机感如今已经延续到了研究生阶段，所以即使我拿到了大家认为最难考的法律执业资格证后，依然觉得不满足，于是去年开学伊始，又去考了教师资格证。虽然人家常说，有证并不能代表你有多厉害，但它给了我一种安全感，一种可以选择的安全感，至少当我迷茫的时候，让我知道，原来我还有这些退路。

"知行合一"，我觉得这一直是杨老师对训练营的期待，所以我也希望未来会有更多的学弟学妹可以在训练营里牢记这个观点，并真正地将之付诸实践。我也预祝朝日之窗生涯工作室培养出更多"知行合一"的栋梁之材。

二、**宋世杰**　走出洞穴，看看太阳
目前就读于中央民族大学教育学院

古希腊哲学家柏拉图在其著作《理想国》中提出过一个著名的洞穴之喻：假定从小被捆绑着不能转身的囚犯面朝洞壁坐在一个山洞里，洞口外面有一堆火在洞壁上照出一些来往木偶的影子，这些囚徒一直以为影子就是现实的事物，直到有一天一个囚徒解除束缚，转过身看到木偶，走出山洞看到万物、看见太阳，才终于明白这一切事物都是借着阳光而被看见的，太阳才是最真实的东西。

2016 年，刚步入大学阶段的我正处于迷茫期，看不清努力的方向，更不知道自己以后该何去何从。本着好奇的心态，我参加了学院的第一届就业力 UP 训练营。这次尝试给了我很多启发，让我收获满满。

首先，我明白了"走出去"很重要。当我们处于孩童时期，我们羡慕着大人的生活，当我们处于学生时期，我们又有一颗迫不及待走上社会的心。这种期待之所以如此迫切，本质上是因为

我们只相信自己脑海中想象出来的事物。例如，认为大人可以财务自由却没有察觉成年人世界的艰辛和不易。如何修正自己脑海里的印象？我认为必须走出去亲眼看看，亲耳听听，亲身体验。在训练营里，我印象深刻的就是模拟面试的环节，这一环节让我看到了求职面试的真实场景，打破了自己脑海中幼稚的幻想，知道了今后该如何努力。

其次，确定方向很重要。最近"内卷"这个词语很流行，内卷带来的焦虑不仅无益于工作的完成，还会影响人的情绪健康。面对内卷，弄明白"我希望成为怎样的人"是非常关键的。在参加训练营的时候，我有幸了解到了师兄师姐们的职业情况，并在训练营之后选择自主实习体验本专业的就业方向，最后结合自身性格选择投身教育行业。正是在不断地认识和经历中，我的职业方向开始由钝角变成锐角，最后凝成一根指针指向最终确定的方向，让我看到了未来的道路究竟指向何方。

最后，努力很重要。老话说"凡事预则立，不预则废"，当确定了方向后，短暂的喜悦终会散尽，前方的雾霭开始慢慢袭来。打铁还须自身硬，确定方向只是一个开始，接下来需要去积累沉淀，去了解行业要求，并对自身进行改进。这个时期的努力是明确的，是清晰的，是充满奔头的，而这些努力，终将为我们达到目标画上圆满的句号。

回顾我的经历，我似乎也是从"被捆绑的囚犯"，到挣脱捆绑，再到最终看到太阳。其中，有自身的努力，但更离不开大学时期的职业规划及一系列的职业训练活动的影响。衷心感谢母校朝日之窗生涯工作室，感谢各位用心良苦的老师！相信在工作室的影响下，更多的人能够享受明媚而多彩的阳光！

三、**王子扬** 全力生长

特斯拉（北京）有限公司产品专家

时隔数年，那是一个散发阳光味道的夏天，一群年轻人满怀对职场的好奇，在南汇崇德楼里参加了训练营。我是两届训练营的工作人员，是就业力 UP 训练营曾经的主持人，也是首届训练营的优秀学员。至今仍记得当初的许多细节，更记得当时分享了"不偏安于一隅"的主题演讲。那一次训练营对我影响颇深，至今难忘。

职业生涯是一个很大的概念，横跨了我们整个年富力强的年纪。一场训练营当然无法决定你的大半生，但它埋下了一颗种子。未来某天，当你面对选择，意识到自己需要从更高的视角俯视全局并对之后的路程有所规划时，伴随着方法论，这颗种子便已悄然发芽。

当年我对训练营的理解，如今略有加深。转化为更形象的说法是，训练营把这颗种子埋下，把干货当养料，通过教你如何了解自己，来控制阳光与温度，最后一起静待开花与结果，这大抵就是所谓的育人。我收到了很多来自训练营的养料，空聊回忆和感受不是我的风格，便也想为这个组织再浅添一些营养，留给学弟学妹们一点就业思路。

了解自己：MBTI 性格测试最近很火，借助一些工具来了解自己甚至是一种捷径，无须过度关注那些正反两面的修正意见，了解和坚定自己，然后去做，大胆一些，不要浪费时间。

选择行业：首先学会看行业大势，被时代淘汰的行业工资再高也不要去；其次选择你认可的行业，有了定位后，明确把自己放哪里很重要。

选择公司：不同公司不同风格，要找气场相符的公司，脸皮薄的人进了狼性文化的公司，长期下来，双方互相别扭；其次要关注公司业绩是否在稳定提升，若蛋糕不够大，公司内部很容易出现人之间的问题；最后，公司是人的集合，首选去人才密度高的地方，不要低估环境对一个人的影响。

选择上司：一个好的上司，甚至比好的行业、好的公司更重要。同样的工作，不同的人做就会有不同的效果，所以记得去追随一个赢家。另外，若面试已进入最后一轮，一定记得见见自己的直属领导，他直接决定了你工作的全部体验感，也记得反向考察一下他的领导能力、对你的思路是否清晰，不然背锅侠＋小跑腿就是你。

最后，当代年轻人非常看重自身价值的实现，好工作会显著体现、提高你的价值，而帮助你找到好工作，是"朝日之窗"一直努力的方向。

除极少数目标坚定的人外，大多数人都会在 20 多岁的年纪里迷茫，这与能力无关，也无须妄自菲薄，训练营给我们提供了一个提前准备的机会，便是一笔非常宝贵的财富，我也因此心怀感激。

四、**胡燕**　认识自己，和自己和解
上海电力大学 2021 届毕业生

忆起训练营，首先追溯的是与其的缘起——一篇推送。看到训练营宣传的时候，一股莫名的力量指引着我点击进入，映入眼帘的是简历制作、模拟面试、实地观摩等一系列活动，我想这是一个提升自己能力的机会。至今，我仍然庆幸自己点进了那篇微信推送，勇敢地踏出了第一步，通过这个好机会、好平台去认识、提高了自己。

初始

2018 年 5 月 18 日，在崇德楼举行的开营式，我结识了一帮志同道合的朋友。通过 MBTI 测试，了解到原来自己是一个适合从事服装设计师、心理咨询师、平面设计师、会计等职业的人。

一个人的成长是认识自己的平庸并接纳这份平庸，最终和自己和解。

我想我已经触及第一阶段了，我知道自己不是一个特别的人，我有些许内敛自卑。但是，我已经勇敢地踏出了第一步，好像也

不是很难。于是在大家围成一个圈自我介绍时，面对走过来的同学，看到她们脸上无所适从的表情时，我好像看到了好多个自己。于是我面带微笑，主动伸手，介绍自己，发出友善的信号。

参加这次训练营，我想突破自我，变优秀。所以选组长的时候，我毛遂自荐，成为小组长。

高潮

大一的我们总觉得离踏入社会还早，不急于制作简历，可机会是留给有准备的人的，于是，我做了我人生中第一份简历。带着"简历上面应该包括哪些内容？什么样的简历才是合格的"的疑惑，通过培训，我才知道，原来简历不应该用表格形式呈现，不应该包含某些内容……

总之，我的第一份简历似乎糟透了，但我是高兴的。

训练营模拟面试环节迎来人生的首次面试。等待时，紧张的手不停地揉搓。但我想到孙老师说要坦然大方，让面试官看到自信从容、落落大方的你，所以我不停地鼓励自己。

面试之后，我落选了。但我依然觉得自己很棒，因为我变得更勇敢了。

升华

实践是检验真理的唯一标准。经过多天的理论培训，我们到了长阳创谷观摩，听了武老师、周老师等多位老师的经历经验，我更认识到了自己多渺小、多椎嫩。但是，现在的我只是现在的我，谁知道未来的自己又是怎样闪闪发光呢？

在此，引用一句讲座中特别喜欢，特别印象深刻的话：眼里的故乡年复一年地老去，心里的故乡一年比一年清澈。渺小的自己年复一年地老去，时光里的自己一年比一年了不起。

如果有可能，不要放过你人生中的任何一个提升自己、改变自己的机会。

五、帕尔哈提·凯山　助力成长，成就自我
保利城市建设公司　部门专员

接到朝日之窗生涯工作室的约稿通知时，我非常荣幸能够作为学员代表再次和大家分享我工作以来对于就业力 UP 训练营的所思、所学。首先，请允许我再次代表就业力 UP 训练营所有学员，感谢为我们付出过时间与汗水的老师们，以及朝日之窗生涯工作室的同学们，是你们的努力，使我们在步入职场前就先人一步地了解社会就业形势，也是你们，教导我们作为一名合格大学生应该具备怎样的专业素质，使我们学习到了丰富的就业理论及实践案例。接下来，我想与各位分享一下我在训练营时的学习体会，与各位共勉。

从训练营结业到现在已有将近两年的时间，还记得当时从开营到顺利结业，心情既高兴又激动。那一个月时间里，我们从临港

校区出发开启学习之程，莘莘学子前往杨浦，先是对公共人事服务中心有了更深层的了解；其次在陈老师与周老师的授课中，我们不仅了解到走出校园象牙塔之外实习的重要性，而且了解到在学习工作之外调节个人情绪的必要性。继续前行，我们到了位于静安的上海久隆电力集团，与企业高管们进行了一次深层的访谈交流，在与王老师风趣幽默的访谈中，学习到了职业选择的重要性，明确了职业兴趣及发展方向。最后我们回到临港，见证了模拟求职大赛选手们争夺奖项的精彩时刻，同时前往临港新片区张江创业工坊参观学习，比较全面地了解到目前临港发展前景以及战略规划。我相信这一次不仅是学习的机会，更是一次锻炼提升自己的机会。我们把握住了，并受益匪浅，对就业的认识有了更加深刻的了解。

在就业力 UP 训练营里，我们在掌握理论知识的基础上付诸实践，回顾学习之旅，一切还历历在目。训练时，每次看到上课通知，我都会预先安排好其他事情，严格遵守课堂纪律，认真做好听课笔记，不断积累实践经验。或许在参加就业力 UP 训练营前我存在着许多不足，比如说性格过于内向，不会展现自己的长处，不好意思和同学交流，不了解就业趋势及对自我认知定位不清晰等，但通过在训练营的各项活动，在现在工作岗位上我相比其他同龄人，对于个人认知的深度较深及广度上较广，并且根据训练营中的经验，我不断调整自己，充分使理论切实付诸实践，扬长避短。

在就业力 UP 训练营，我收获了很多知识；在步入职场后，我更是发现光学习理论知识是不够的，要学会走出去不断学习。学习，应该是一个很复杂的行为过程，仅靠书本是不够的，单靠学习模仿别人也是不够的，学习和工作实践感悟结为一体才是完整的学习过程。训练营活动给我补了元气、去了娇气，让我多了一份智慧、一份热情、一份坚定。一届届就业力 UP 训练营虽然都会结束，但我的学习与思考不会间断，自我提升与不断践行不会间断。我将与时俱进，为了自我实现而努力奋斗！最后，我把作为自己永恒信念的一句话送给大家，与大家共勉：世上无难事，只要敢登攀。

六、**王齐明** 求知路上，得志为伴
上海电力大学　2019 届就业力 UP 训练营优秀成员

在 2019 届就业力 UP 训练营中，我非常荣幸能够作为代表在开营仪式上发言。衷心感谢辛苦筹备每一届就业力 UP 训练营的老师和同学，为我们提供了这个系统、完善的自我提升平台，助力我们成长，我也借助这个平台历练，学习到了很多。我想就 2019 届的训练营经历，谈谈我的心得体会。

在了解到上海电力大学朝日之窗生涯工作室就业力 UP 训练营活动之前，我同许多初入大学的同学一样，没有大学四年的计划，更没有关于未来的职业规划，然而短短几周的训练营时光，让我打破了大一的迷茫，找到了努力的方向。朝日之窗立志于唤

醒大学生的职业意识，提高个人竞争软实力。在亲身感受后，我也深刻地感知到了这一点。在参加训练营期间，我们听专家讲授分享经验，了解了企业的招聘及用人策略；也曾到上海电力电缆有限公司亲身实践，与领导们深入交流，明晰了未来的就业方向与就业创业优劣势；还参观了张江工坊，切实体会到了国家对创业创新的支持……在大学生就业指导中心，我们学会科学地利用自己的资源，获取对就业有利的信息。就业力 UP 训练营丰富全面的活动安排使我对未来发展方向逐渐明确，有计划有目的地增强自己的职业能力、提高自身竞争力。

创业和奋斗是当今时代的主旋律，而青年是就业和创业的主要群体，是社会中最具活力和创造力的群体。青年蕴含着巨大的创业潜能，推进青年创业、以创业带动就业是共青团服务经济建设、破解青年就业难题的有效途径。就业力 UP 训练营针对社会需要，适应毕业生就业创业新需求，进一步将就业创业有机融合，针对就业形势，建立涵盖校内外各个阶段、各个环节、就业创业全过程的服务体系，致力于更加细致、更加全面地关心每一个学员的成长成才。

每一位大学生或多或少都对未来就业有一丝不安与忐忑。但我相信，在经历了一次训练营的锻炼后，大家都会有所收获和成长。生命中貌似偶然的机缘，常常使人生的分量和色彩发生变化，而就业力 UP 训练营就是这样一个契机，使我学有所得，突破自己，成就自己！

七、付文俊　那些人那些事

上海建桥学院 2019 级学生

一别多年，与许多老朋友回忆起来，心里还是有些喜悦和激动。

集聚临港五个学校有志向、有想法的学生一起参与就业训练营活动，这消息，让人感觉是一次不可多得且十分重要的机会。我报名被选上了，代表建桥学院成了 2020 年众多参赛学生之一。

仍然记得第一次来到上海电力大学，巍巍学府，人杰地灵，第一天就遇到许多热心有趣的朋友，后来在活动里还结识了一些推心置腹的挚友。第一次活动是在傍晚，活动启动仪式开始，大屏幕上播放视频，许多往届优秀学员讲述着自己与这个活动的结缘、经历与回忆。一切是那样激动人心，当时我想，要是我能成为优秀学员该多好，要是视频里的那个人是我该有多好。没想到后来的我成了自己理想的样子——2020 年训练营优秀学员。

等到第二次活动，我已经和我们自己的队员打成一片，大家都沉浸于欢笑与快乐里。还记得当时描述自己欣赏的创业偶像，我第一次从他们口中了解了"斜杠青年"这个词——技能才华和 title 很多的人。我们还一起分享了罗永浩的曲折创业史和中国的手机行业发展史。

后来由于疫情，训练营改在线上举行。不过最让我兴奋骄傲的是，在模拟面试环节，我被导师选中并成了实习学生。当时被选上发言的时候非常紧张，老师让我全程用英文自我介绍，虽然作为一个商务英语学生，这些应该不在话下，但是当时的气氛真的很窒息。真应该把那个画面录下来，想看看当时自己的真实表现。

回想起来，我十分感谢这次活动，在这里我结识了许多优秀的同学和导师，见识了许多新奇的思想之间的碰撞，我还与一位优秀学长畅聊了一个夜晚，他教会了我应该如何正确地调整心态，如何去面对创业出现的问题，以及大学期间该认真做些什么。

许多人、许多事，教会了我许多。深受这次活动的感染，后来我又去参加了有斯公益夏季全球志愿者活动，获得了翻译组组长的优秀证书，也拿到了一家外企的实习生机会。

就我而言，人生在于不断地尝试和折腾，不断发现新的东西，不断接受新的思想，不断突破自我。久而久之你会发现，现在的你，其实就是多年前你所期盼的自己。加油吧，少年！一切美好的事情正在发生。

八、陈怡玟　一场美丽的邂逅，一次别样的旅行
上海电力大学　临港五校就业力 UP 训练营优秀学员

一直听说过朝日之窗生涯工作室举办的就业力 UP 训练营，也产生过"就业很难吗""估计很枯燥""没有什么意义"等想法，那天，经不住朋友的劝说诱惑，我冲动之下报了名，居然幸运地被

选上了，心想："这就是命吧，那我就不浪费机会，好好表现吧。"

第一次开幕式与团训就让我发现，这里是治我"心病"的好地方，因为我经常会注意他人的眼光，过度关注他人对自己的评价，有时限制了自己向前冲的脚步。而当我在这里，就像有一种魔力吸引了我，有一股子不冲上去的话就有很大损失的感觉，真的是个治我的好办法。

在训练营的那么多天，给我留下印象最深刻的是胡老师、朱老师和谈老师，喜欢他们的幽默风趣，喜欢他们的侃侃而谈，喜欢他们的清新解惑……真的是从喜欢到上瘾，不知不觉中迎来尾声，但工作室和就业力UP训练营带给我的一切，无论是知识还是友谊，都是珍宝。团训、就业力UP、领导力、国际视角……每个课程都让我收获知识，挖到宝藏，取得干货，这在其他训练营中是难以收获的。

在这里，我认识到了执行力与领导力的不同，执行力是完成，而领导力是更好。这对我的未来影响重大。在训练营之后的日子里，我更加关注领导力，把一个个任务去超额完成，有一种较之以往更甚的成就感与责任感。我也相信，这个认知将一直帮助我从内而外地去完成生活中的一件件事、一份份任务，对得起身上所承担的责任，担起我的使命感。

还记得那天，走上模拟面试的时刻，其实也没那么可怕。同台竞技原来也就如此而已，面对众多的领导、面试官，心想做到不露怯便是极好的。没想到一句"怕麻烦而又不怕麻烦"引起了一段热议，事后，我也仔细推敲琢磨，觉得不是很妥。所以很感谢有这样一次模拟的机会，让我发现问题，在未来求职的道路上得以避免再犯同样的问题，我想这便是活动的意义。

参加那次临港五校的就业力 UP 训练营，是我大学中印象深刻的一次活动。

有所收获，那便是一次有意义的参与；

有所感悟，那便是一段有内涵的思考；

有所共情，那便是一场很美好的邂逅……

感谢朝日之窗生涯工作室搭建此平台，全面提升广大学生的就业能力。星光不问赶路人，时光不负有心人，希望朝日之窗生涯工作室越来越好！

九、邓力瀚　一次大胆的尝试
上海电力大学　节能工程师实训营优秀学员

随着人类社会的进步，我们对能源的需求量也越来越大，然而能源储量是一定的，发展却是螺旋上升的，在需求量大于供给量的当下，如何提高能源的使用效率成了一个新的工作热点。作为一名纯文科学生，我本不认为我有机会接触这类"高端理科型"的工作，但在这里——朝日之窗生涯工作室，我得到了这样的锻炼机会，并发现了自己的无限可能。

在第一节课上，节能协会陈会长亲自为我们开启了"首映"，在与陈会长的亲密交谈中，我了解到节能工程师目前在长三角地区正处于发展第二阶段，即社会对节能工程师的需求量呈井喷式上升，而市场中的高精人才处于急缺阶段。因此，在学习、实地走访工厂时，大家都异常认真。或许这就是当代大学生梦想中的大学课程，如今它成为现实。这次的学习对我来说也是很有挑战性的，因为我不光是一名学员，更是一名工作人员，在学习中工作也是非常考验一个人的精力的。我仍记得每个周末下午回到学校时，和周文彬同学一起在食堂做收尾工作，汗水打湿了我们的西装，身体的疲惫让我们对食堂的饭菜也失去了兴趣，洗澡睡觉成了心中唯一所想。因为当人们在接触一个全新事物时，要想登堂入室是会花费巨大精力的，所以身体与精神上的双重疲惫，也是我们坚持下去的一大阻力。

杨老师和夏老师是全程陪同我们的两位老师，两位老师在活动过程中非常关心我们的身体状况和学习进度，不断鼓励同学们加入探讨、加入学习，使得节能工程师实训营在活动过程中始终充满认真学习的氛围。大家的想法相互碰撞，在解决能源难题中，作为小白的我们竟也做出了正确的解决方案。最后，虽然我们通过了节能工程师初级考试，但我发现自己仍有许多难题无法独立解决，这也说明本次实训营只是领我入了门，修行还得继续。

朝日之窗生涯工作室的节能工程师实训营，其实并不是一个让我们一下跳跃成一名合格节能工程师的捷径，而是为我们创造了更多的可能性。它让我们看到了职业生涯的多元性，让我们的目光投向新文科领域，摆脱了传统文科就业思维的束缚。我在朝日之窗生涯工作室工作并学习着，不断地打磨着自身的可塑性，真正践行"树人以业，匠心予职"的理念，我想这大概就是朝日之窗生涯工作室的魅力所在吧。

十、董翔龙 知行合一，勇立潮头
上海电力大学 节能工程师实训营优秀学员

2021年5月，在上海电力大学朝日之窗生涯工作室的组织下，我们56名大学生参与了为期两个月的节能工程师实训营，深入参观多家公司，极大地提升了我们的节能意识和实践意识。2020年9月，习近平总书记在第七十五届联合国大会一般性辩论上发表重要讲话，表明中国将提高国家自主贡献力度，二氧化碳排放力争于2030年前达到峰值，努力争取2060年前实现碳中和。而本次节能工程师实训营正是上海市为了培养节能方面人才所做的重要一步。作为学生，我们要知行合一；作为青年人，我们要勇立潮头。这次节能工程师实训营无疑给我们提供了一个绚丽多彩的舞台。

要坚定理想信念，做有志气的新时代青年。碳达峰、碳中和已成为全社会关注的热点，节能既是我国能源发展战略的核心内容，也是我国实现"碳中和"目标最重要的抓手。合格的青年应当志存高远，立鸿鹄志，展骐骥跃。我们在参加培训营期间，聆听陈老师讲解现代以来筚路蓝缕的能源管理发展过程，看施乐百机电和浦江皇冠假日酒店对节能科技的不断追求，思考威派格公司和爱康集团对节水的执着。一个个故事触动心弦，也使我感触颇深。这种精神即是我们所需要的，这种理想正是我们所要树立的。

要勇立潮头，争做先锋，敢于担当，做有骨气的新时代青年。有了远大的志向，当然也要有具体的行动。知为行之始，行为知之实。参加培训营的56名同学分成7个小组，在讲解课和企业参观实践中认真观察，积极思考，踊跃发言，提出了许多想法和认识，帮助大家一起更深层次地掌握知识。沉浸其中，看着同学们昂扬斗志，意气风发，也令我心潮澎湃。

坚定四个自信，做有底气的新时代青年。作为青年的自信是对祖国的自信，作为学生的自信，则是熟练掌握知识的自信。在这两个月的时间里，我们的学习范围从家庭节约能源开始到建筑大楼电力节能、配电、变压、照明等，引申到企业的能源管理和智慧节能、综合能源服务，涵盖了节能行业的方方面面。知道国家对绿色建筑的各种补贴政策；认识到酒店复杂的用水、用气、用电方式；学习了水资源的处理和家庭用水管道的构建。整个知识体系脉络清晰且细致入微，令我大开眼界。

沉浸式的时光总是匆匆而过。整个活动过程中，还有很多亮点，威派格智慧水务公司侃侃而谈的研究生姐姐、施乐百机电设备（上海）有限公司各种大大小小的风机、浦江皇冠假日酒店楼底复杂的节能装置，都令人难忘。我相信，经历了这次节能工程师实训营，小伙伴们收获的必将是知识和自信，必将带着这份记忆走向社会各个角落，掀起一股"节能"的清风。

十一、**王翌丞** 朝日的灯塔
上海电力大学 2021 级学生　朝日之窗生涯工作室新媒体部成员

"茫茫大海上指引迷途者的灯塔"，这是我对朝日之窗生涯工作室的评价。经常有人会问朝日之窗是做什么的，我想说，为每一个想成为朝阳的人打开一扇窗户，这也许便是朝日之窗所做的吧。

记得我第一次参加朝日之窗举办的活动是"研习沙龙"，那时我还是刚入学的大一新生，对大学内的一切感到懵懂。起初，我和大部分人一样，带着怀疑的态度去参加活动，觉得"研习沙龙"就是一个乏味的讲座，但当我真正参加活动后，我发现我的看法完完全全地错了。"研习沙龙"更像是先行者向后来者的经验分享，无论是讨论主题的选择、邀请的嘉宾，还是最后的圆桌论坛环节，都十分符合大学生的需求，切实地解决了我的一些疑问和烦恼。现在回想起来，这可能便是朝日之窗对我产生影响的开始，也正是这时，朝日之窗如同灯塔一样的形象逐渐在我心中形成。

在多次参加朝日之窗举办的活动过程中，我慢慢学会了规划与思考——合理规划路线去达到目标、对事物有自己的思考。在学长学姐分享自己的就业历程时，我学到的不仅是各种职场与面试的经验，更学会了一步步寻找和明确自己未来的方向。同时，我对朝日之窗的好奇也越来越大，开始向往加入这个像灯塔一样指引他人的部门。在通过面试后，我很荣幸成为朝日之窗的一员，开始真正认识这个曾对我来说无比神秘的部门，而在面试时提到的"树人以业、匠心予职"的理念更是冲击了我的心灵。在日常工作中培养自我，用匠人之心对待自己的工作，这不正是当代大学生所应当具有的精神吗？

在朝日之窗工作的这些日子里，我感受到了这个部门的活力与热情，在这里，似乎每个人都是追梦路上的奔跑者，用青春书写着自己的故事。在这样一种如同朝日徐徐升起的奇妙氛围中，我开始认真地对待工作，开始在工作中学习，开始在学习中改变，开始积极地面对生活与人生。朝日之窗改变了我，也改变了无数和我一样的上电学子，它是迷途者的灯塔，为迷茫在黑暗中的人打开了光明的窗。

展望未来，我希望每一个受到朝日之窗影响和帮助的人都能不负青春，不负韶华，为自己的青春书写下一个无悔的结尾，而朝日之窗也一定会如同瑰丽的朝阳般在临港冉冉升起，照亮每一个上电学子未来的路。即使工作室的成员会不断更替，但独属于朝日之窗的精神会如薪火般传承下去，点亮这座属于上电朝阳的灯塔。

十二、**徐畅** 不负青春，勇往"职"前

上海电力大学经济与管理学院 2019 级学生

2021 年 11 月，我参加了朝日之窗生涯工作室举办的上海电力大学第十一届模拟求职大赛暨 2021 年上海市模拟求职大赛校内决赛。这是在大学期间第一次鼓起勇气参加职业规划类的比赛。在此，感谢杨红娜老师全程的指导与鼓励，感谢陈奥老师手把手教我如何制作一份精彩的简历，感谢上一届优秀选手周媛君学姐的经验传授，最后要感谢全体工作室的小伙伴们在备赛期间对我的帮助与支持。

实际上，在上一届初赛中，我也尝试投递了简历，但当时大二的我还没有清晰的职业规划，所以连第一关都没过。在接下来的一年，我时不时地关注朝日之窗公众号上发布的讲座与内容、在校内外工作实践中积累丰富的经历，与此同时，我也渐渐找到了自己心仪的求职方向，并朝着这个方向去努力。我抱着"试一试"的心态，再次踏上了模拟求职的道路。

整个比赛过程中，我的心理变化是非常明显的，我就是想试一试，因此没有给自己太大的压力，只是把最真实的自己展现出来。自我介绍、1V1 比拼、无领导小组面试沙龙、模拟面试……从未想过自己能获得第一名的成绩。但紧接着，伴随而来的是"压力"，校里选拔赛已经如此激烈精彩，去市里比赛必然是"神仙打架"。初赛结束后，工作室举办了一系列"就业力沙龙"活

动，经过多次模拟真实环境对无领导小组讨论实战演练，明显感觉到自己的表达能力与思维能力提升了，渐渐地，我能够较好地把握有效发言的"度"了。另一方面，在模拟环境中，我逐渐找到了在团队中适合自己的角色。除此之外，我的心态发生了转变，把"比赛压力"化为"学习动力"，充分地了解自己的优势和劣势，在最大化地发挥闪光点的同时，"对症下药"地弥补不足之处。虽然受疫情的影响，市赛至今还未举办，但通过校赛和之后一个多月的备赛，让我对求职准备和职业规划有了许多收获与反思，在此，我想分享一些经验与建议。

首先，尽早制作一份精美的简历。不管是未来对用人单位的求职，还是校内各种岗位的竞选，简历就是你放大版的名片，尽早准备可以帮助自己发现不足，在毕业前也能不断完善自己。其次，多找机会提高表达能力，表达时一定要自信沉稳。一方面要多锻炼自身口语，提高现场即兴的表达能力，另一方面在公众场合发言时也要注意肢体语言和眼神的交流。最后，希望大家尽早做好职业规划，不断为目标添砖加瓦。有一个清晰的职业规划，就像是有了一盏明灯，在大学期间可以不断积累相关的实习实践经历，丰富个人简历，明确自己的优势，增强综合竞争力。

"勇于尝试本身就值得被鼓励"，模拟求职大赛带给我的远远超过了这场比赛本身，是一次非常丰富且宝贵的经历。最后，再次感谢每一位老师以及幕后辛苦付出的同学，也希望学弟学妹们能够抓住机会锻炼自己，不断收获成长，在不久的未来能成为职场中的佼佼者！

十三、**周媛君**　漫漫长路，只要开始，永远不晚
上海建工一建集团市政工程有限公司　人力资源专员

人生如同一本书，一本属于自己的传记。我们的经历就是那书页，辞去旧日，翻开新页，空白的新一页，等着我们去填写。书的目录就像是我们每个人的人生节点，是一个阶段的代表，是一段经历的凝练。大学近四年的生活光景，也谱成了我书中一个重要的章节，而未来，机遇与挑战又将不断登场，如何去谱写新的篇章，还需要我们自己去把握……

漫漫长路，只要开始，就永远不晚。

我是上海电力大学经济与管理学院 2018 级本科生，是平凡学子中的一员，更是那个不断追求不平凡的周媛君。与朝日之窗生涯工作室结下的不解之缘还要从 2020 年冬开始说起。大三时候的我对于未来的渴望很迫切，却又很迷茫；很憧憬，却也不知所措。作为一名参赛选手，我顺利进入了朝日之窗生涯工作室举办的第十届模拟求职大赛初赛决赛环节，取得了不错的成绩，并有幸代表学校到华东理工大学参加市级比赛，最后成为我校唯一一位挺进决赛的选手。这个过程，给我带来了太多感悟。

有位心理学家认为，成功不单单是一个结果，更是一个过

桯。抛开比赛的结果，我认为我获得了此次大赛的胜利。因为这一场比赛，给我带来的不仅仅是与选手的对抗和在赛场上的历练，更多触及我自身的是在舞台下那些别人看不到的价值。我发现，不管学生来自哪里，优秀的人总能做到在那个领域里出类拔萃；我发现，当你保持自信与坚韧的状态，总会遇到欣赏你的伯乐；我发现，当你始终以一颗谦卑的心看待人和事时，总能发现他人身上的闪光点并为己所用。

这段经历，是我人生中的一个节点，也是我大学章节中的一段小节。也正因这场比赛，我渐渐拨开了眼前的迷雾，捧起了我心所求的那份憧憬，我正视了自己与其他优秀同辈之间存在的差距，但也更加明白了人生是一条漫漫长路，只要我开始向前迈步，把握住眼前的未来，就永远都不会嫌晚。

我与工作室在 2021 年底再续前缘，我作为学生嘉宾参加了工作室举办的研习沙龙，以"沟通是永不过时的艺术"为题与台下的学弟学妹们共同探讨何为语言的艺术。我何其有幸从一位参赛选手到一位驻场嘉宾，这一路走来，是我的点滴，更是我的人生。未来的路还很远，也许会遇到很多挫折，但是人生那么长，只要开始新的一句，那便是新的篇章！

第二节
"赤子情深" | 工作成员篇

一、**黄晓萌** 梦开始的地方
朝日之窗生涯工作室第一届工作室主任　传音控股 HRBP

萌芽

当我想通过过去留下的点点滴滴试图唤起一点记忆的时候，发现很多东西已经记不清楚。从大一加入朝日之窗工作室到现在，已经五年时间了。记得最初，我们在南汇校区崇德楼，几个稚嫩的学生总是趴在辅导员办公室的一张小桌子上，讨论如何运营工作室，听杨红娜老师给我们布置任务。2017 年 6 月，也是在崇德楼 214 的小礼堂里，我们开展了第一期就业力 UP 训练营，大咖讲座、创新基地参观、高能面试环节，环环相扣，受到学员的好评。同时，文化产品的设计与定制，不仅提高了学员的参与度，还提升了工作室的知名度。印象最深的是参与紧张刺激的无领导小组面试环节，这些"实战演练"，让我对求职有了初步认知，也是这个时候，我第一次考虑自己未来的发展。

成长

继第一次开展就业力 UP 训练营之后，我们也在积极复盘，寻找活动中可以提升的地方。生涯人物访谈、职业规划讲座、参观上海创业者公共实训基地……一系列的活动，都是在为第二期就业力 UP 训练营做准备。2018 年 5 月，UP 永不止，我们再扬帆！在全国倡导"大众创业、万众创新"的大背景下，上电把创新创业课堂开到了长阳创谷。在这里，我们邀请企业大咖做现场 TED 演讲，采用理论和实践相结合的方式，提升学员的综合能力。也是在这样一次又一次的活动与锻炼中，我慢慢地对自己的职业规划有了一定认知：未来我要做什么，我要成为一个怎样的人，如何去实现自身的价值……我对自己的规划更加清晰。

收获

后来，工作室随学校正式入驻临港，获批示范工作室挂牌，后续组织了很多很棒的活动。虽然我离开了工作室，但是一直在关注着工作室的消息，也深深地为工作室取得的成绩感到自豪。加入工作室，最大的收获除了求职能力提升、视野的开阔，更多的是收获了很多良师益友，也从大家的身上获得了很多新的灵感。现在回想起来，还总能听到大家一起在长阳创谷喊的口号："就业力 UP 训练营，创出你的青春梦！"走出校园的我们，在各自的行业、各自的工作岗位上也许默默无闻，也许大放异彩，但是回想起在工作室实践和学习的日子，内心都充满了感激：这是我们职业生涯启航的地方，它为我们的就业、创业保驾护航！

二、**任天爱**　十年一瞬，感念一生

朝日之窗生涯工作室第一届工作室副主任

上海华虹（集团）有限公司党委办公室　党群干事

大学，于你是什么？2016年我被上海电力学院公共事业管理专业录取，刚入学时并不了解这个较冷门的专业，对将来要读研还是就业、读什么方向的研究生、选什么样的工作等问题，心里也没有什么答案。2020年初疫情突如其来，当时企业复工复产困难，不少企业面临裁员，作为高校应届毕业生大军里的一员，原本该是最焦虑的一群人，而我仅投递了一次简历就被心仪单位、适合的岗位录用，也是得益于参与朝日之窗生涯工作室活动的经历。

我的辅导员杨红娜老师是工作室负责老师，大一时我便加入工作室工作团队。刚开始接触微信推文编辑不久，我边摸索边制作了工作室公众号的第一篇推文：2017年5月19日发布的"第一届'就业力UP训练营'来了！"杨老师给了学生很大的鼓励和支持，除了让我们大胆上手实践，还开设软件培训班，提升新媒体操作技能，搭建互相学习交流的平台，帮助我们快速成长。一年后我有幸担任工作室副主任、新媒体中心主任一职，完成推

送近 50 篇，深度参与到工作室各类活动组织中，掌握了主持、拍摄、剪辑等技能，积累了一定的经验。走出校园迈入工作岗位后，大学四年积累的技能和经验助我快速适应职场环境，除了本职工作，目前我还负责单位集团微信公众号、订阅号的内容编辑，成为我工作的一大特色亮点。

"就业力 UP 训练营"是朝日之窗生涯工作室的品牌活动，能帮助每位同学更好地认识自己、挖掘自己，拓展思维及思考方式，确定自己的职业规划及发展方向，更好地提升就业素质与就业竞争力。我曾参与组织并参加了两届"就业力 UP 训练营"，在这个过程中慢慢明白，每个人的成长道路可以不尽相同，也可以完全不同，需要去找寻自己的答案——"进入大学学习的初衷是什么？"为了提升学历找到好工作，还是丰富自己的精神世界？尽早确定自己的职业方向可以减少毕业季的迷茫和焦虑感。训练营为学员提供参观企业、参观长阳创谷、中国（上海）创业者公共实训基地，观摩大学创业世界杯中国区比赛现场路演、对话行业前辈等机会来了解职场生活、创业故事，指导写简历、应对面试的方法，增强学员"敢闯""能为"的底气，引导学员在公务员、事业编、国企、外企、私企、个体户等不同方向中找到适合自己的发展通道。大二起，我多次作为科创负责人，三年时间带领团队参与各类科创大赛，荣获创青春全国大学生创业大赛上海赛区银奖、全国大学生电子商务"创新、创意及创业"挑战赛上海赛区一等奖、全国大学生课外学术科技作品竞赛国家级三等奖、大学生科技创新标兵等奖项，利用大一到大四寒暑假，我先后在机器人设计制造国内首屈一指的私企、世界 500 强的外企、央企顶流国家电网上海总部、镇政府、团区委实习，把入职条件、合适岗位、发展前景等要素一一梳理，最终确定了我的择业方向。值得一提的是，让我"一投即中"的简历正是用了"就业力 UP 训练营"简历制作技巧的讲座中教授的方法。

值此朝日之窗生涯工作室成立 14 周年之际，写下此文以表感激之情。感谢杨红娜老师及所有为工作室运营倾注心力的小伙伴，在我们接续奋斗中创造了展示自我的舞台、学习实践的平台，更赋予数万学子自信前行的力量，帮助他们找到自己心仪的工作。祝愿朝日之窗生涯工作室越办越好，让每一位上电学子毕业季不迷茫，人生不迷航！

三、**穆尼热** 淬炼勇气，锻造能力
朝日之窗生涯工作室第二届工作室成员
中国邮政储蓄银行新疆分行

时间是湍急的流水，一转眼毕业已近两年。记得在学校时参加了杨老师的朝日之窗生涯工作室，成为工作人员。在当工作人员的过程中，我学习了写简历、面试技巧、面试礼仪等技能。还记得刚刚加入工作室的我，连说几句话都是不好意思的。有一次老师安排企业招聘人员来学校模拟面试，让学员和工作人员准备

简历、模拟面试，而我作为工作人员也准备了简历，但当时没有参与面试，不知道是害怕还是不好意思，没有勇气参与那一次模拟面试。

后来工作室安排课程教我们如何写简历，面试时如何注意面试技巧和礼仪。而我在工作室当工作人员的同时，也学习了自己在今后就业中可能会遇到的一些问题，后来在考中国邮政储蓄银行新疆分行时一次性通过了。我至今认为，我在那场一千多人的面试中能够脱颖而出，还是缘于我在工作室里学会了如何调整心态、如何回答问题、如何在短时间内让面试官记住我。

现在作为一名邮储银行的工作人员，回想起工作室安排的沙龙活动，当时有几家公司会在面试中选择几个学生提供 offer。但那时我没有勇气参加面试，至今觉得遗憾。现在觉得朝日之窗工作室不仅仅为我们提供了学习的环境，还给我们提供了求职机会。尤其是我作为一名少数民族学生，如果不是在朝日之窗工作室的经历，也许我还不会写简历，更不敢参加面试。我们在语言方面本身就有障碍，看到别人在面试时滔滔不绝介绍自己、表现自己，我们就更不敢说话了。现在真心觉得参加朝日之窗工作室是对的，也很感谢杨老师对我们几个少数民族学生的培养。

工作以后觉得，当时工作室的好多活动都没有参与，到了工作单位每天都有培训，每天都有两个人的演练活动，起初我也不好意思说话，现在反倒是习惯了。作为一名银行工作者，也作为一名朝日之窗工作室曾经的工作人员，给工作室的建议是希望能多多安排面试演练及培训。就算知道得多，不把自己知道的表现出来，别人是不知道的，到社会上，我才觉得能说话和会说话真的很重要。

从上海电力大学毕业快两年了，在邮储银行工作也快两年了，作为一名邮储人，希望杨老师的工作室发展得越来越好，希望工作室能培养出更多优秀的学员，也希望参加工作室的每一个学员都能找到理想的工作，未来有一天作为一个普通员工或者领导者，对朝日之窗生涯工作室给予帮助与支持。

四、梅仅惠　感谢相伴，让成长不孤单
朝日之窗生涯工作室第三届工作室主任
上海同科物业管理有限公司　行政文员

如果说大学生活是一本书，于我而言那无疑是一本杂记，它撰写过我热烈、清远、纯净的四年，其中与朝日之窗生涯工作室共同成长的三年必然是人生中最浓墨重彩的篇章之一。

因缘巧合，大一第二学期在辅导员孙老师的推荐下，我加入了工作室，结识了对我大学成长影响最深的良师益友。他们中有耐心引导的杨红娜老师，有坚定前行的任天爱学姐、黄晓萌学姐，有共同成长的丁体康、郑凯元、刘璐……在他们身上我学到了为人的豁达、处事的思虑、行为的坚定。大学的几年里，我追随着他们的脚步，不断地去突破自我，毕业至今，我仍在这种激

励下严格要求自己。

回首在工作室的成长经历，还记得刚刚加入工作室的自己是那么内向、不善表达、社交恐惧，总是喜欢默不作声地完成学长学姐布置的工作，而工作室的老师和学长学姐们用他们的方式温柔地接纳我、改变我，让我学会表达自己的想法，并落实行动。后来，我也学会了踏出舒适圈，克服了羞涩和内向，慢慢挑起了工作室的大梁。刚担任工作室主任助理的那段时间，我是有些焦虑不安的，不自信自己能带领好团队。或许是看出了我的困惑，杨老师第一次和我聊起为什么选择培养我。她告诉我在长阳创谷的游学活动中，工作室的工具箱滑到了大巴车行李舱的最深处，当时我立即钻进行李舱的举动让她很是触动，她相信，愿意做出这样举动的我应该对工作室有很强的归属感，愿意随着工作室一起发展成长。这段对话无疑在我今后的学习工作中产生了很大的影响，它让我明白一个人的努力和付出不会因为沉默内敛而被掩盖，踏实而坚定地做好每一件事，走好每一步，总会有善于发现的眼睛注视到你。后来的我也在工作室萌新身上看到曾经的自己，学着老师与学长学姐的样子去慢慢引导他们，帮助他们搭建展现自我的平台和空间。放飞梦想，成就自我，这不仅仅是朝日之窗生涯工作室的理念，也是一届又一届工作室成员接力传递的信念，这股传承的信念促使着工作室与工作室的成员不断成长发展。

对工作室印象最深的，除了老师与共同成长的伙伴们，还有那间位于经外楼 A106 的办公室。从南汇校区搬到临港校区，我们第一次拥有了自己的独立工作室，从照片墙到档案柜，和六个伙伴花了两三个晚上将工作室一点一点布置出来，看到焕然一新的工作室时，那种激动喜悦的心情至今犹记于心。这间工作室后来见证了我们许许多多的重要时刻，第一次纳新面试、工作室新人见面会、师长导航研讨会……它也陪着我们从工作室成员最少时的 7 人走到了现在的 20 余人，相信今后它也能带着我们每一届成员的愿景去陪伴工作室成长。

身为工作室的一员，相较于许多同龄人，我有幸拥有更多的机会去深入了解大学生职业生涯规划这个理念，通过参与工作室组织的训练营、模拟求职大赛、师长导航研讨会、生涯人物访谈等活动，促使我学会在倾听他人的同时反思自己的成长，在他人的分享故事中汲取智慧与能量，不断地去调整和明确适合自己的职业生涯规划。这是一个伴随我们成长的课题，也是毕业至今的我仍在思考的问题。

感谢三年来与工作室的相遇相伴，有幸收获一群志同道合的伙伴一路相互鼓励，给予我成长的力量，引导我向着自己想要的方向勇往直前。

接下来的日子里，愿朝日之窗生涯工作室越办越好，成为更具影响力的生涯发展团队，帮助和引领更多大学生做好职业生涯规划！

五、郑凯元　我和我的工作室

朝日之窗生涯工作室第四届工作室主任

从 2018 年到 2020 年，从学海路到沪城环路，很幸运，遇见你。

2018 年 3 月，我加入了朝日之窗生涯工作室，带着好奇、拘谨和些许兴奋。我从未想过，这将会成为大学四年中最宝贵的一段时光。在这里，我收获了知识，结识了朋友，也留下了回忆。

第一次参与就业力 UP 训练营筹备的场景至今仍历历在目，服装分发、场地布置、物料协调、学员签到……工作人员与学员的双重身份使我受益匪浅，无论是活动组织能力抑或是个人职业规划、面试技巧都获得了提升。最让我记忆深刻的便是担任开闭幕式的主持人，这应该是我第一次在大型活动中担任这个角色，一想到面对台下的领导、老师、同学，内心不禁有一丝慌张，害怕说错词又或者说不出话，老师和学长学姐的鼓励使我战胜了内心的慌张，一遍遍定稿，一次次预演使我慢慢找到了状态，最终在开闭幕式上以最佳的状态面对大家，并获得了领导和老师的认可。

就业力 UP 训练营对我而言是机遇也是挑战，两年，两次训练营，从参与活动到组织策划，从无所适从到敢想敢做，它带着我告别了胆小、内向，使我敢于直面困难，直面自我。2019 年，我作为主要负责人组织策划就业力 UP 训练营，不料面临了前所未有的困难：疫情的影响使活动在策划实施时需要考虑更多的因素，不断地推倒重来，最终以全新的方式帮助学员提升他们的职业核心能力。

更多地觉得，不论是职业规划、求职技巧，又或者说是文案写作、公众号运营、活动策划，朝日之窗生涯工作室带给我的是无限的成长空间：不断地参与活动，也不断地在活动中提升自我。在之后的实习及如今的研究生学习生活中，我时常会感谢我的大学生活中能有这么一段经历。正因为这段经历，我对自己未来的职业生涯有了清晰的规划，也正是这段经历，使我在实习面试中自信满满。

忘不了在 214 的活动场景，忘不了在 106 修改策划的夜晚，忘不了在 305 的场地布置，点点滴滴的回忆如今仍历历在目，也正因为这些，我的大学生活变得更为充实。见证了朝日之窗生涯工作室成为示范工作室，也见证了就业力 UP 训练营走向临港五校，两年的时间，满满的回忆，相互成长，相互进步。很幸运，遇到了朝日之窗生涯工作室，遇到了一群志同道合的朋友。

六、尹姣姣　横有八荒，来日方长
朝日之窗生涯工作室第五届工作室主任

时光荏苒，转眼间大学四年就要匆匆而过，留下的是最完美最珍贵的回忆。常言道："君子有所为，有所不为。"无论做任何事情都要三思而后行，只有这样，方能有所收获，进而才能提升自身素质，否则便会"竹篮打水一场空"，徒劳无功。平心而论，进入大学我学到了很多东西，尤其有幸在大一加入朝日之窗生涯工作室这个大家庭，使我有机会接触更多的人和事，令我受益匪浅！

回过头来看看自己走过的路，汗水和欢欣并存，成功与失败同在。也许是在工作室的那两年过得太快了，自己想做又来不及做的事情真的太多太多，而且以前做过的事情也并不是做得很好，此时此刻想写关于这两年在工作室的成长，难免会觉得有点苦涩。然而坦然面对过去、展望未来才能更好地提高自己，才能以此为镜，更好地认识自己、完善自我，并将自己所学运用到未来的工作当中。在工作室里工作，能够让一个人增长不少知识，不管是在学习方面、工作方面还是其他方面。从我在工作室这两年的经历来看，我觉得自己的成长是巨大的。

最明显的就是自己的抗压能力变强了。在刚开始工作时，肯定会有一些不足的地方，我本身就是属于毛手毛脚的那一类学生，但是杨红娜老师又是一丝不苟的人，所以每次活动方案都是由杨老师确认再三才会开始实施。而我从中学到最多的就是细心，关注细节，按照杨老师的话来说就是"抠细节"，把每个活动的每个节点都把握到位，尽量避免出现任何问题，在面对突发状况时都要有条不紊地处理好。渐渐地，我从大大咧咧、做事心大逐渐转变为胆大心细，这无论是在学习上、生活中还是在未来的工作岗位上都能够给我带来更多的帮助，与此同时，我的团队协作能力和管理能力也有了较大的提升。

其次，作为学生，还要有平衡好学习与工作的能力。我是一个不能一心二用的人，所以在工作室期间并没有加入其他部门或者担任班级的班委等，一心投入工作室中，在参加各种活动的同时在学习上我也下了很大功夫，在办活动期间没有落过一节课，并在自己的努力下获得学校优秀学生奖学金。一个人在一段时间内能做好一件事就很不容易了，踏踏实实做好每一件事就是对自己负责。

经过在工作室紧张有序的两年，我感觉自己的工作能力上了一个新台阶，做每一项工作都有了明确的步骤和计划，行动有了方向，工作有了目标，心中真正有了底！基本做到了忙而不乱，紧而不散，条理清楚，事事分明，从根本上摆脱了之前只顾埋头苦干、不知总结经验的现象。并且在工作的同时，我还明白了为人处世的道理，也明白了一个良好的心态、一份对工作的热忱及其相应的责任心是何其重要。

纵有千古，横有八荒；前途似海，来日方长！

七、**王昊呆** 厚积沉潜，终会发光
朝日之窗生涯工作室第六届工作室副主任

时光荏苒，不经意间大学时光已匆匆过半，我与朝日之窗生

涯工作室也已相处两年半了，没有了刚入大学时的懵懂迷茫，更多的是经验和稳重；没有了刚进工作室的无知和胆怯，更多的是责任与担当。

大一初始，我带着对大学生活的好奇与期待走入了校园，面对繁多的部门和社团纳新，来自小城市的我没有过人的技能，没有侃侃而谈的勇气，便十分犹豫。这时辅导员老师推荐我到一个工作室——朝日之窗生涯工作室，就这样我鼓起勇气加入了工作室大家庭。

自知没有特长和专业技能，我就在综合事务中心做起，从最基础的事情做起，布置场地、搬运物资、会务等等，一点一点地跟随他人的脚步前行。在经历过就业力 UP 训练营后，我才真正明白朝日之窗生涯工作室究竟是做什么的——助力学生职业核心能力的提升，培育专家型职业发展教育团队。在综合事务中心慢慢学习活动的开展流程和细节把控，但对于专业技能如文案、推送、新闻稿还不了解，我又来到新媒体中心，慢慢学习专业技能，丰富自己。踏实、稳重一直是我的标签，每件事都尽心尽力地去完成，在其他小伙伴的带领下我慢慢积蓄力量，慢慢进步、成长。

临港五校就业力 UP 训练营成了我展示的舞台，没有了第一次参加训练营的仓促和无助，充分地向临港五校展示了上海电力大学的风采，自己也早已和训练营融为一体。作为优秀指导员的发言也是自我的突破，虽然还是会紧张，但勇敢地走上演讲台就是成功。在成长的过程中，我也得到了老师的肯定，担任了主任助理兼综合事务中心部长。面对角色的转换，我有点不适应，不懂得协调、分配工作，随后在和主任的交流中汲取经验，学习管理知识。随着工作的推进，管理能力慢慢培养了起来。后来我又担任了副主任，管理工作室的物资和财务，被称为"总管"，但此时的我还没真正负责过一次大型活动。

2021年10月的研习沙龙系列活动真正让我变得成熟。作为主要负责人，我从前期的活动策划、工作安排，到活动中的控场、会务，以及活动结束后的宣传、总结统筹管理……这中间需要把控各种细节，考虑各种问题，虽忙但很有收获，虽累但很快乐。

在工作室度过的两年半时光里，最大的感受是温暖，最多的收获是成长。温暖是杨红娜老师和伙伴们更像是家人，一直互相陪伴；成长是从懵懂无知到成熟稳重，厚积沉潜，终会发光。

朝日之窗生涯工作室，我的荣誉，也是我的骄傲。

八、**周文彬** 我心于此，浅拾旧事
朝日之窗生涯工作室第七届工作室主任

我是2020年刚入大学时加入朝日之窗生涯工作室的，说起来还是个巧合，我并不是应聘进来的，而是通过一段小视频的剪辑让当时的学姐对我抛出了橄榄枝，随后通过面试，成功成为工

作室一员的。

　　加入这个温馨的大家庭后，我结识了一群志同道合的朋友，相处下来像是心有灵犀的一家人般，充满欢声笑语，有几时也曾幻想过今后，未来步入社会也能如这般和同事打成一片，那将会是一个多么富有生命力的集体！

　　一年半的时光里，我在工作室参与大大小小的活动20余项，有幕后的，也有正装出席的，今天要提到的是我作为节能工程师实训营总负责人的那些事。在此之前，我并没有担任过总负责人这一类的职务，也没有全权负责过一个大型活动，其实在刚接手这项任务时，我是充满自信的，完全没想到这背后需要投入大量汗水与精力，但当着手做这件事时，才真正感受到肩上的担子是如此有分量。万事开头难，统计报名人员信息、设计海报、沟通导师、准备物料……前期准备工作扑面而来，令我措手不及，但好在有工作室伙伴的帮助，将所有工作细化分发，进行全面的布局，活动这才正常地运转起来。中后期的工作因为有了前期的准备，也都很顺利地开展。其实活动一边进行，我也将我犯过的错误和出纰漏的地方用记事的方式记录下来，不仅是作为警醒，也是作为对未来的鞭策，让我以一个饱满的精神面貌去应对所有的事情。事情做得好不好，会不会出问题，就在于态度与执行力，身在此位，收获良多。

　　工作室"树人以业，匠心予职"的理念其实已经深入我心，这是一种勇气，也是一种释然，纵知"树人"之年久，也以"匠心"来奉献。节能工程师实训营这项活动是我们工作室一项全新的活动，于我而言，新活动、新职位不仅意味着新挑战，也意味着新提升与新成就。或许谈及成果并不能说明我的成长，那便让我在今后的学习与工作中去展现。

我经常在寄语或者座右铭里面写这样一句话：路在自己脚下。我与工作室的双向选择让我获得了一个提高自己的平台，更早地去接触社会以及企业，更早地去考虑自己的职业兴趣与方向，我愿同工作室一起前进，最后也祝愿工作室越来越好！

第二节

"如日方升" | 嘉宾老师篇

一、**周长长** 打开"朝日之窗"，喜获一片阳光

上海电力大学团委副书记

2015 年 7 月，一入职上海电力学院时，就听说学校有个辅导员老师创办了一个厉害的工作室。随后一路见证着这位辅导员老师获评副教授，荣获上海市辅导员年度人物和上海市育才奖；这个工作室举办了"就业力 UP 训练营""生涯人物访谈""特色沙龙"等一系列令师生交口称赞的特色活动，并被立项为"2021—2022 年上海高校学生职业（生涯）发展教育示范工作室"（全市共九家）。这个工作室叫作朝日之窗生涯工作室。工作室专注于生涯育人，于无声处在我们后辈心中播撒下了奔赴山海的种子。

2021 年 4 月，我慕名参加了朝日之窗生涯工作室举办的"职业发展教育专家型辅导员培养路径"主题研习沙龙。嘉宾们分享的"个人奋斗与社会意识的聚合，从生存之道到发展之路再到智慧之桥的跃进，自我实现的全面发展"等一系列闪耀着智慧之光的灼见，给予了我深刻的启迪。"尝试着在不怎么限定专业的辅导员工作中寻找专业，因为人才培养这件事真的很专业，向专业的

娜姐学习专业。"研习沙龙后我不自觉发了这么一条朋友圈。朝日之窗生涯工作室如同一束光，点亮了我们后辈奔赴山海的道路。

2021 年 10 月，受邀参加了朝日之窗生涯工作室举办的"精准表达，提升沟通效率"主题研习沙龙。那一次，我作为主讲人，以"金字塔"表达原理为基，结合自己长期以来的工作实践，向同学们分享了"如何让表达逻辑清晰的方式方法"。教学相长，经过一次系统的分享，让我对建构坚固金字塔的五大原则"结论先行、以上统下、归类清晰、排序逻辑、不说废话"，以及两大要点"相互独立不重叠，完全穷尽无遗漏"有了更深的体悟。互动环节里同学们渴望释疑的眼神，更是让我懂得了人民教师的责任与使命。朝日之窗生涯工作室如同一块磐石，垫起了我们后辈奔赴山海的舞台。

一粒种子，一条道路，一个舞台，这是打开朝日之窗生涯工作室收获的成长与美好。朝日之窗，一路阳光，祝愿朝日之窗生涯工作室继续在爱与梦中展翅翱翔！

二、**周敏** 与朝日之窗生涯工作室携手服务心得

上海青展企业管理咨询有限公司 总经理

2018 年通过杨浦区就促中心搭建的就业服务平台，以"精品课程"进高校项目服务内容走进上海电力大学。转眼四年时间的携手就业服务中，作为企业人的"招留育用梯"的人才观视野被

拓展，与老师同学们近距离沟通，就业需求、求职困境、学业困惑等方面服务切入点立体增长，以下几点感悟心得仅供参考。

研修需求细分服务

生涯工作室带头人——杨红娜老师主动链接并深入沟通企业、就业服务专家以及上海电力大学各分院不同学科同学们，不间断研修探讨开班，挖掘完善"政企校社"各方的需求结合点，并把"精品课程"进高校的服务内容细化到每堂课，创新思维从时间到内容呈现精品微课形式，在课程后注重师生互动反馈和建议，不断优化"精品课程"，从大一到大四精准细分适用群体。

把握先机云端辅导

在 2020 年疫情初期，率先开发启动 B 站、腾讯等平台线上形式，从直播讲座、一对一简历辅导、团辅求职面试，在春招和秋招期间增加求职能力训练和模拟，以班级为单位、以专业为单位开设不同咨询辅导，把不见面服务做实做好，赋能同学们自信求职，弥补线下服务，提升求职质量和成功几率。并在后期把线上线下生涯工作室服务形式做完美匹配，顺势而为的服务符合新青年群体使用习惯。

拓展视角角色转化

朝日之窗生涯工作室的杨老师不断总结分析工作室的工作内

容，分享后不断提出工作新思路与我们头脑风暴，并能听取专家意见，从企业用人角度、心理赋能角度、专家服务角度、案例剖析角度植入生涯规划。好的协作是相互激发原动力和新思维的，作为就业服务外援，我们也真切感受到高校就业服务的不易，并从高校生涯工作室老师身上学到不少。在工作室中与同学们同频同率对话，鼓励他们开放对话，与企业人与社会人相互学习，让就业服务的专家们不再只有理论，而是兼具实务性和实用性，这样的"校企社"平台参访、职业人物访谈、岗位解析、工作流程介绍，让同学们不知不觉走进企业的广阔天地，感受到不同企业文化的用人观，利于从学校人到社会人、企业人的角色转变和适应。

以上种种双循环携手就业服务，把高校生涯工作室品牌打响，为同学营造更好的就业氛围，形成合力，共筑特色生涯桥梁。我作为一名来自企业的上海市就业服务专家也受益良多，能做的有限，但希望再次携手，更好地发挥作用。

三、**陈庄瑜**　深耕生涯一线，广纳资源育人
上海电机学院就业指导中心主任

谈及朝日之窗生涯工作室，首先想到的是我和创始人杨红娜老师的结缘。这份结缘源自 2019 年 7 月初我去广西南宁参加高考招生宣传。在上海片区的招生宣传场地，隔壁代表上海电力大

学的一位女老师非常热情主动地和我们打招呼，这位就是杨红娜老师。共同的辅导员工作经历瞬间拉近了我们彼此之间的距离，我们互相加了微信。上海电力大学于 2018 年刚搬入临港，一线教师在一起交流的机会还不多，而这次广西之行开启了我们之间的交流。此后，我和杨老师通过朋友圈逐步了解彼此的工作内容。我知道了杨老师是做生涯教育的，也是第一次了解到杨老师的朝日之窗生涯工作室。后来我陆续参加过杨老师的朝日之窗工作室线下、线上活动，并且也组织过本校学生参加朝日之窗工作室活动，杨老师也受邀来上海电机学院分享自己工作室的建设经验。以两校的生涯教育工作、杨老师的工作室为契机，我们的交流更加频繁了。

通过深入交流，我对杨红娜老师和她的朝日之窗生涯工作室更有了解，真心佩服她在生涯教育方面的执着和热情，也给我的生涯教育带来许多启发。

杨红娜老师的生涯教育最早起源于 2009 年上海市学校中级心理咨询师的培训，旨在从学生角度出发，帮助学生解决心理问题。经过十多年的发展，现在工作室将工作内容聚焦于提升学生的职场竞争力，工作对象也从杨老师最初所在的经管学院扩大为上海电力大学全校学生，并且辐射到临港五校学生甚至更多。同时，杨老师的工作对象还从学生转到从事生涯教育工作者的自身发展。

杨老师朝日之窗生涯工作室当前的工作场所也由最初的线

下为主拓展变为线上线下相结合的融通空间。以前工作室主要以线下活动为主，如今工作室的活动变得更多元：有纯线下的活动，如 2020 年举行的临港五校"就业力 UP 训练营"；同时也有线上线下同时进行的活动，如 2020 年 12 月 31 日进行的"整合资源提升大学生职业软实力研究"活动，采用在线上 B 站进行直播的方式进行。这些活动使工作室的生涯教育对象成倍增长，影响效果得到了倍数级的放大，线上参与人数达到 1159 人。

朝日之窗生涯工作室的建设倾注了杨老师多年的心血。为了有效开展学生生涯教育活动，她充分调动一切资源，也获得了多方认可。杨老师的生涯教育活动内容丰富多彩，她带领学生走出校园，进入企业参观了解企业，加强对企业的认知；同时她也邀请不同背景的嘉宾参与校内讲座和活动，为学生提供提升职业成长的"干货"。杨老师的朝日之窗也从 2017 年最初的市级生涯工作室直至现在连续两次成功申请成为上海市就业创业示范工作室。

与杨老师两年多的交流和学习，我看到了一位深耕于学生工作的同行，她通过努力和积累，在生涯工作中开辟出自己的一番天地，我也看到她在取得成就的同时还不断努力，精益求精为自己热爱的工作奉献汗水和智慧的崇高精神！

四、陈奥 我心目中的"朝日之窗"

上海电力大学经管学院辅导员 朝日之窗生涯工作室分项目负责人

因"树人以业，匠心予职"的共同育人理念和工作目标与朝日之窗生涯工作室初识，至今已有四年光阴。这四载，既承载了作为年轻辅导员初入职场的四年，也见证了一位从职业规划知识小白成长为一名高校职业咨询师的过程。下面我来谈谈我心目中朝日之窗生涯工作室的模样。

人员有温度

工作室创始人杨红娜老师坚守一线辅导员岗位十八载，创建工作室十四年，深入学生一线，了解大学生职业发展规划困惑，关心年轻辅导员专业化职业发展方向。创建的品牌项目"就业力UP训练营"中，为了使学生切身感受到企业的工作氛围，进一步加强对企业的理解，她每次都亲自带领学生参观企业并实地考察，足迹遍布长阳创谷、张江基地阿里巴巴创业中心、杨浦区就业促进中心、中国（上海）创业者公共实训基地、上海久隆电力（集团）有限公司、张江创业工坊等多家知名企业。为了帮助年轻辅导员的专业化发展，工作室还提供研习沙龙、圆桌论坛、走访调研等平台，助力辅导员在实践中成长。

工作有韧度

工作室秉持初心，韧劲十足，十余年来从未止步，不断开拓新的育人模式，通过职业生涯规划大赛、个性化职业咨询、就业力 UP 训练营、研习沙龙、专题研讨会等方式助力学生探索职业发展方向；同时，工作室也注重学生干部队伍的培养，助力教师职业发展教育团队的养成。正是这份工作的韧劲，朝日之窗生涯工作室立项为"2021—2022 年上海高校学生职业（生涯）发展教育示范工作室"（全市共九家）。

格局有高度

作为高校职业生涯工作室，朝日之窗将国家政策、高校思想政治理论教育融入学生的职业规划教育中，有较高的站位和格局。工作室为贯彻落实我国"2030 年前碳达峰，2060 年前碳中和"的重要目标，举办节能工程师实训营；工作室严格落实"三全育人"，将理论融于实践，价值观培育和塑造融入学生成长，多方协力齐心共建，全方位立体式培养助力成才，系统化实践育人先行，就业帮扶融入其中，立足学生需求设计课程体系。

朝日之窗生涯工作室始终秉持着"树人以业，匠心予职"的工作理念，立足于唤醒学生的职业生涯规划意识，帮扶大学生高质量就业，助力职业发展教育专家型辅导员团队建设，在职业发展规划指导的道路上不断砥砺前行。

五、**杨红娜**　坚守生涯育人阵地，育人也是育己

上海电力大学朝日之窗生涯工作室创始人

光阴似箭，日月如梭。从 2009 年创办朝日之窗职业规划工作坊到现在已有 14 年，2010 年朝日之窗职业规划工作坊立项为校建设项目，2011 年立项为校品牌项目，2017 年，朝日之窗生涯工作室立项为上海高校学生职业（生涯）发展教育工作室，2020—2023 年立项为上海高校学生职业（生涯）发展教育示范工作室。十余年来，朝日之窗生涯工作室不断完善升级，辐射面不断扩大，工作室育人成效进一步凸显，助力学生职业核心能力提升，助力职业发展教育团队的养成，我的职业生涯也因此走向生涯育人方向。回顾过往感慨万分，下面我想从创办工作室初衷、工作室的发展机遇、工作室的建设历程、工作室的育人成效等几方面来聊聊。

创办朝日之窗生涯工作室初衷

2003 年我留校担任辅导员，2007 年带的第一届热能与动力工程专业的学生毕业后，按照学生处的要求我轮换到经管学院，那时是我职业发展的一个转折期。我刚入职担任辅导员时候，带第一届学生是自己的职业适应期，带完第一届学生后，辅导员的工作职责已经基本了解，面临着职业倦怠期。2009 年 3 月，学校推荐我参加上海市中级职业咨询师培训，系统学习了职业规划与就业指导的相关知识，集中学习后参加了市里统一考试，获得了

中级职业咨询师证书。

为了进一步解决学生目标缺失、就业困惑等问题，同时也是为了学以致用，将中级职业咨询师学习到的知识带入学生管理中，我创办了职业规划工作坊，工作坊创始团队由我所带班级的 10 名同学组成，团队当时很有品牌意识，成立初期商议后给工作坊起了名字——朝日之窗职业规划工作坊，寓意面向太阳的一扇窗户，帮助同学们更好地做好职业生涯规划，激发学生学习动力，提升就业竞争力，与此同时，团队成员也设计了工作室的 LOGO。

2010 年，学校学生处推出了项目化活动，给辅导员提供一个发展平台，申请项目获批后学生处给予一定的经费支持，支持辅导员向专业化职业化发展。当年我申请了朝日之窗职业规划工作坊，学校组织答辩之后，朝日之窗生涯规划工作坊正式立项。2010 年，工作坊由办公室、调研组、校友组、就业资料组组成，当时工作内容面向所在学院开展，包括职业规划简报、专项调研、校友平台建设、校友经验交流会等，当年承办校双思主题活动——编制 2010 届毕业生就业实用手册。经过一年的建设后，2011 年，朝日之窗职业规划坊立项为校品牌项目。我还记得学校建设项目统一答辩，最后两个项目立项为品牌项目，当年立项答辩通过时我们团队小伙伴们欢呼的样子，至今都让我激动。立项为校品牌项目后，朝日之窗生涯规划工作坊服务对象面向全校学生，自此，工作坊连续八年承办校职业规划大赛，以赛促学，不断提升学生的职业规划意识。

朝日之窗生涯工作室的发展机遇

朝日之窗职业生涯工作坊自立项为校品牌化项目后，在校内持续开展职业规划大赛、个体咨询、生涯人物访谈等生涯育人系列活动。2015 年，学校发布申请 2016 年上海高校职业生涯发展教育工作室的通知，我申报并参加了校内答辩，很遗憾在校内答辩中未通过评审。2016 年 4 月左右，学校发布通知二级学院组织辅导员申请 2017 年上海高校职业生涯发展教育工作室，当时我犹豫了好久，可能是担心结果会令人失望吧，在我纠结的时候，学校就业办成老师多次打电话鼓励我，思考再三后我提交了申请。当时写申请书的时候也请教了很多老师，那次申请时我将朝日之窗职业规划工作坊改名为朝日之窗生涯工作室，后经校内答辩通过，送到上海市评审。

那年是朝日之窗创办的第六年，2016 年 7 月收到了上海市教委工作室答辩通知。那时候听到答辩通知很紧张，因为从来没去过市里答辩。于是请教校内一位老师如何答辩，她建议我把她当评委预答辩，我当时很诧异，这位老师告诉我，很多老师去市里答辩科研项目，都是在家里练习几十遍，有时对着家人练习答辩，有时对着镜子自己练习。直至今天我都很感激这位老师，她让我知道了申请项目如何准备。我用了 5 天时间精心准备答辩，进一步凝练了工作室建设目标、建设模块和建设方案；我的好朋友给我准备了答辩 PPT 模板，指导我如何搭配答辩的服饰。我在家准备好答辩 PPT，在家中对着镜子练习了很多遍。答辩当天穿上了正式裙装，吹了头发，提前到教委的面试场地。在现场遇到突发情况，由于前面答辩人拖延时间，现场答辩时间从 8 分钟缩减为 5 分钟，我又在候场室默默地练习，后来进入答辩时虽然还是很紧张，但终于较好地完成了答辩环节。后来得到通知项目成功立项。当得知获得市级工作室后，团队成员都很兴奋。回想起来，我觉得机遇很重要，当时如果没有申请，就会错失机会。有了市级工作室建设平台，工作室建设才有机会上一个台阶。

朝日之窗生涯工作室的建设历程

市级工作室立项后，工作室聚焦学生职业核心能力提升和职业发展教育专家型辅导员队伍建设开展工作。在市级工作室建设过程中，工作室注重按照建设方案和建设目标开展工作。与此同时，工作室以创新工作形式及整合资源有效开展工作。工作室工作扎实并有特色，先后获批 2020—2021 年、2022—2023 年上海市示范工作室建设。下面结合几个特色工作谈谈工作室建设的思路。

首先谈谈我们市级工作室建设期间的品牌活动——就业力 UP 训练营。就业力 UP 训练营作为我们工作模块之一，聚焦于育人有效力的提升。面对就业结构化矛盾突出等问题，工作室科学设置就业能力提升方案，开展了五届就业力 UP 训练营，以就业能力提升为导向，加强大学生职业生涯思想政治教育，提升大学生创新创业教育。目前就业力 UP 训练营已成为我们的品牌项目，我们打造了基于体验式课程的新育人体系。万事开头难，还记得在办第一届的时候，大于课程体系设置找们团队讨论了很久，第一届就业力 UP 训练营面向经管学生 25 人参与，师资全部由企业高管、优秀校友组成，理论与实践相结合，带领学员们赴阿里巴巴创新中心、中国（上海）创业者实训基地参观游学。第二届就业力 UP 训练营拓展到全校 108 人参加，将"双创"课堂开到了长阳创谷。第三届就业力 UP 训练营聚焦少数民族学生就业能力提升，带领 50 名同学直击杨浦就促第一线，走进电力一线，探索临港新片区。第四届就业力 UP 训练营面向临港五校学生，提升职场能力赢得职场机会。第五届就业力 UP 训练营举办节能工程师实训营，响应国家"2030 年前碳达峰，2060 年前碳中和"重要目标，结合电力特色，培养节能人才。后续工作室也将持续创新开展就业力 UP 训练营活动，助力学生职业软实力的提升。

其次我想谈谈我们工作室的第二个品牌活动——研习沙龙。研习沙龙是当初写申报书时工作室的五大工作模块之一，重点在于打造学习的思维力。当初建设方案聚焦于职业发展教师能力的提升，在后期我们团队的工作运营中，研习沙龙分别举行了教师专场和学生专场。我们每期沙龙有不同的主题，但是举行沙龙的主线仍是围绕着学生职业核心能力的提升和职业发展专家型团队的养成。我们团队 2019 年起和杨浦区就促中心开启协作，从而进一步整合校政社等多方面力量来促进大学生高质量充分就业。我们组织的第一期研习沙龙就是在和杨浦区就促中心开展实践合作 6 个月后组织的，围绕"校政社合力育人的长效机制探讨"开展研讨，进一步探讨校政社合力育人的机制。2020 年跨年工作室和杨浦区就促联合组织跨年直播"整合资源提升大学生职业软实力研究"。2021 年我们和上海对外经贸大学高伟老师"3F—职业志"生涯育人工作室联合举办"职业发展教育专家型辅导员培养路径"。我们针对学生开展了解决问题能力、创新能力、沟通能力等研习沙龙，邀请了江西理工大学饶先发老师、学院专业课老师、校友、优秀在校生代表作为嘉宾参会。我们工作室注重整合资源，从而进一步加强我们工作的有效力，打造全员育人的平台。

朝日之窗生涯工作室的成效

十余年来，学校高度重视朝日之窗生涯工作室的建设和发展，给予工作室工作建设性建议、政策支持和场地等支持，朝日之窗生涯工作室获得多项校内外荣誉：2020 年工作室获评上海电力大学三八红旗集体，工作室品牌活动获评上海电力大学十大文明创建项目，2021 年获评上海市教育系统巾帼文明岗。工作室活动被上海电视台、青年报、光明网等多家媒体报道。连续两次获评上海高校学生职业（生涯）发展教育示范工作室（全市共十家）。

工作室创办十余年来，得到了很多师生的支持和帮助，我们很开心地看到工作室活动通知发布后很多同学积极报名，我们大型活动经常筛选最终进入活动的名单，有的同学连续三年报名参加就业力 UP 训练营，有的同学每次都报名参加研习沙龙项目；

很多同学报名加入朝日之窗生涯工作室的各个工作团队，面试时问他们为什么想加入工作室，很多同学说道："因为我看到了自己班级、专业同学在朝日之窗，可以去企业走访，可以锻炼自我。"我们工作室团队小伙伴有时熬夜做推送，做方案，写新闻稿，我说："你们辛苦了！"他们说："我们喜欢朝日之窗。"我内心很感动，从这里可以看到同学们对朝日之窗生涯工作的认可和支持，感谢同学们对朝日之窗的信任，也是给我们继续坚守生涯育人的力量！

工作室多年来重视品牌建设，成立之初就设计了工作室的LOGO、专门找英语老师翻译工作室的英文名，团队成员设计了工作室的宣传单、宣传册等，凝练了工作室的理念——"树人以业，匠心予职"，寓意围绕立德树人根本任务，以就业为落脚点，对学生传道授业解惑；工作室团队以工匠精神开展工作，提升师生职业选择、职业素养、职业技能。团队还创作了品牌活动"就业力 UP 训练营"的营歌。工作室在上海市第四届高校学生职业生涯发展教育研讨会、临港就业育人论坛、宁夏师范大学交流会、上海对外经贸大学交流会、建桥学院交流会等交流发言，进一步发挥示范引领作用。工作室将接续奋斗，在推进大学生职业生涯发展教育指导和服务体系建设中勇毅前行！

作为朝日之窗生涯工作室的负责人，十余年来看到工作室由小变大，看到工作室茁壮成长，作为一个"创业者"，我很欣慰，我很感谢学校给予我学习的机会。在参加上海市中级职业咨询师的培训后，我拓展思维，将理论学习与工作实践相结合，创办了朝日之窗职业规划工作坊；感谢学校为辅导员专业化成长搭建平台——项目化申报，我积极参与项目申报，从而让工作室从学院走向学校；感谢上海市为辅导员专业化职业化发展搭建各类平台，我先后申请了上海市德育实践项目、上海高校辅导员培育项目、大学生职业生涯指导和服务体系建设等项目，有的项目偏理论研究，有的项目偏实践探索，我在工作中注重理论研究和实践探索相结合，互相促进，从而进一步做好育人工作；上海市教委对于大学生职业生涯指导和服务体系建设项目过程化考核严格，每年我去教委2—3次，包括立项答辩、中期答辩和年终答辩。在一次次答辩中，我的沟通能力、抗压能力进一步提升，最重要的是在答辩中评委给的建议会进一步拓展思维，为工作室的建设指明方向。我觉得我很幸运，抓住了机会，提升自身综合素质，自己也走向了生涯育人的路——我很喜欢的生涯发展方向。

最后我想感谢工作室的团队成员们，从2009年创立工作室走到现在，200多位学生干部参与工作室活动，15位辅导员、52位任课教师，23位杨浦区首席指导师、上海市就业服务专家参加工作室活动，助力生涯育人！我们也将秉持"树人以业、匠心予职"工作理念，在学生职业核心能力提升，培育专家型职业发展教育团队的道路上勇毅前行！

第五章

应用型高校生涯工作室展望

上海电力大学朝日之窗生涯工作室围绕求职实训项目、研习沙龙项目、个体咨询项目、学涯导航项目、考察学习之旅五大工作模块，形成了一套完整的职业核心能力培养模型和实践体系。工作室在引导大学生树立正确的就业观，增强职业生涯规划素养，全面提升就业创业能力，助推高校毕业生高质量充分就业中发挥了重要作用。项目以上海电力大学为基点，始终围绕着应用型高校人才培养的初心和使命，目前已辐射至上海高校，具有良好的推广价值。

将来，上海电力大学朝日之窗生涯工作室在各个工作模块进一步创新开展工作：在学涯导航项目方向，工作室致力建立健全朋辈生涯教育资源体系，加强全员育人体系的构建，尤其是专业课教师的生涯育人功能发挥。在求职实训项目方向，工作室致力于对训练营学员和工作人员的成长进行跟踪调查报告，同时努力建立典型行业、典型职业的职业发展资料信息库，职场榜样的力量融入就业育人全过程。在生涯咨询项目方向，工作室针对临港五校学生开展生涯咨询活动，重组生涯咨询顾问团，学习其他高校生涯咨询的特色做法，细分咨询师擅长领域，同时和"慢就业生涯实践探索"结合实践，每学期新增3—5次"慢就业"团训，提升学生的效能感、自主感和连接感。在职业发展教育研习沙龙方向，工作室将围绕"与人合作""与人交流"等八大职业核心能力开展研习沙龙，汇编研习沙龙文案成册，待条件成熟时出版。专家型辅导员职业发展教育团队建设方向，工作室将组织团队根据工作实践撰写研究论文，申报国家级、省部级相关课题和项目。

孤举者难起，众行者易趋。上海电力大学朝日之窗生涯工作室将做好示范引领作用，实现高校大学生职业生涯发展与职业能力提升。善学者尽其理，善行者究其难。工作室也必将在推进大学生职业生涯发展教育指导和服务体系建设进程中做出自己最大的贡献！秉持"树人以业，匠心予职"工作理念，在生涯育人路上砥砺前行！

参考文献

姚惠福.职业生涯发展教育与素质教育的相关性刍议 [J].生涯发展教育研究，2013（2）：5.

教育部.关于加强高等学校辅导员班主任队伍建设的意见.中华人民共和国教育部政府门户网站（moe.gov.cn）.

唐琪，胡超，舒均.基于色彩心理学理论的高校心理咨询室色彩设计 [J].西部皮革，2021，43（2）：59-60.

范溶栖.基于色彩的高校心理咨询室设计方法分析 [J].戏剧之家，2019（27）：151.

赵晶.高校心理咨询室的构建 [J].企业研究，2010（20）：143-144.

周文莉，顾远东.谈高校心理咨询室的建设工作 [J].新西部（下半月），2007（10）：142.

王世民.论服务型大学生就业指导中心的构建 [J].中国大学生就业，2003（08）：26-27.

王世民.构建服务型大学生就业指导中心 [J].瞭望新闻周刊，2003（18）：50-51.

韩丽红.高校辅导员与就业指导中心就业创业指导协同机制构建探究 [J].辽宁科技学院学报，2019，21（3）：106-108.

庞博.就业指导中心工作规范化管理 [J].区域治理，2019（41）：190-192.

李凡. 高校辅导员工作室运行机制的实践探索 [J]. 高校辅导员，2014（5）：41–43.

王国栋，党林林. 对高校辅导员工作室建设的探讨 [J]. 科学咨询（科技·管理），2019（11）：89.

李敏，王文杰，黄荟宇. 高校辅导员工作室建设路径探析——以北京工业大学为例 [J]. 北京教育（德育），2017（6）：57–59.

覃柳云. 辅导员工作室：高校辅导员职业能力发展的新动力 [J]. 教育教学论坛，2018（45）：17–18.

韦鸿鹏，唐新来. 基于职业生涯规划的高校应用型人才培养研究 [J]. 教育与职业，2012（8）：35–37.

蔡建昌，杜荣，张飞. 应用型高校大学生学业指导和职业生涯规划实施路径探索 [J]. 中外企业家，2019（18）：165.

傅滢滢. 高校职业规划与就业指导辅导员工作室建设探究 [J]. 黑河学院学报，2020，11（2）：102–103+109.

程丹. 新形势下高校职业生涯工作室功能定位研究 [J]. 湖北开放职业学院学报，2020，33（16）：46–47.

魏波. 应用型高校人才培养质量提升新驱动力研究——以大学生职业生涯规划为中心的考察 [J]. 教育教学论坛，2017（35）：57–58.

段超，史建雄. 应用型高校创新创业教育与专业教育融合模式探究——基于"职业生涯规划"角度 [J]. 林区教学，2021（8）：50–52.

Vocation Bureau of Boston. Record of the Vocation Bureau of Boston [M]. Boston: The Vocation Bureau, 1913: 3.

杨光富.美国学生指导制度的历史沿革述评[J].全球教育展望.2017，46（8）：43–55.

GCDF 中国培训中心.全球职业规划师资格教程[M].中国财政经济出版社，2006.

李法顺.大学生职业生涯规划[M].南京：东南大学出版社，2007.

吉姆·贝瑞特.职业测试手册——帮你找到理想工作[M].刘悦欣，译.中央编译出版社，2003.

顾东辉.社会工作概论[M].上海：上海译文出版社，2015.7.

何谐.创新创业能力培养引导大学生职业生涯规划[J].高教学刊，2016（21）.

孟增璐.企业"管培生"教练模式在高校学生干部培养中的应用及探索[J].管理观察，2016（3）：3.

后记

在经过一系列的策划、讨论、编撰和校稿后，《应用型高校生涯工作室的建设与探索》终于定稿了。本书是上海高校学生职业（生涯）发展教育工作室（示范点）——上海电力大学朝日之窗生涯工作室的项目成果之一，由上海电力大学的专业教师和优秀学子组成团队编写而成。

本书以应用型高校为基点，从大学生职业生涯规划需求出发，详细介绍了朝日之窗工作室的成长过程，深度解读了职业核心能力，分享了工作室开展的活动和成员对工作室的想法，展现了工作室育人实践成果，力图提升大学生对生涯职业规划和职业核心能力的认知，为相关高校辅导员和学生事务工作者等提供范例。

在此，感谢上海市教育委员会遴选上海电力大学朝日之窗生涯工作室为"上海高校学生职业（生涯）发展教育工作室示范点"，并为工作室提供全方位的支持；感谢上海电力大学朝日之窗工作室成员在工作室建设中的实践探索；感谢钱静峰老师对工作室的指导和帮助；感谢陈庄瑜、周长长、周敏等老师为工作室撰写稿件；感谢张啸、宋世杰、王子扬、胡燕、帕尔哈提、王齐明、付文俊、陈怡玟、邓力瀚、董翔龙、穆尼热、王翌丞、周媛君、徐畅、黄晓萌、任天爱、梅仅惠、郑凯元、尹姣姣等优秀学员和工作室成员撰写心得体会；感谢工作室成员负责编写并承担本书的统稿工作。也感谢本书收录的案例中的主人公们，他们的精彩故事与真实经历丰富了本书的内容，带给读者更好的阅读体验。

图书在版编目（CIP）数据

应用型高校生涯工作室实践与探索 / 杨红娜编著
. —上海：文汇出版社，2022.12
ISBN 978-7-5496-3931-1

Ⅰ.①应…　Ⅱ.①杨…　Ⅲ.①高等学校-职业选择-
教学研究-中国　Ⅳ.① G647.38

中国版本图书馆 CIP 数据核字（2022）第 225818 号

应用型高校生涯工作室实践与探索

编　　著 杨红娜
责任编辑 徐曙蕾
装帧设计 高静芳

出版发行　🌀文匯出版社
　　　　　上海市威海路755号
　　　　　（邮政编码200041）

照排 南京理工出版信息技术有限公司
印刷装订 浙江天地海印刷有限公司
版次 2022年12月第1版
印次 2022年12月第1次印刷
开本 890×1240　1/32
字数 166千
印张 8.5

ISBN 978-7-5496-3931-1
定价 58.00元